AJUSTANDO TEMPORALIDADES, AFINANDO CONCEITOS, ATUALIZANDO ROTEIROS
um estudo sobre a televisão 2021 – 2022

Conselho Editorial

Alex Primo – UFRGS
Álvaro Nunes Larangeira – UFES
André Lemos – UFBA
André Parente – UFRJ
Carla Rodrigues – PUC-Rio
Cíntia Sanmartin Fernandes – UERJ
Cristiane Finger – PUCRS
Cristiane Freitas Gutfreind – PUCRS
Erick Felinto – UERJ
Francisco Rüdiger – PUCRS
Giovana Scareli – UFSJ
Jaqueline Moll – UFRGS
João Freire Filho – UFRJ
Juremir Machado da Silva – PUCRS
Luiz Mauricio Azevedo – USP
Maria Immacolata Vassallo de Lopes – USP
Maura Penna – UFPB
Micael Herschmann – UFRJ
Michel Maffesoli – Paris V
Moisés de Lemos Martins – Universidade do Minho
Muniz Sodré – UFRJ
Philippe Joron – Montpellier III
Renato Janine Ribeiro – USP
Rose de Melo Rocha – ESPM
Simone Mainieri Paulon – UFRGS
Vicente Molina Neto – UFRGS

Apoio:

AJUSTANDO TEMPORALIDADES, AFINANDO CONCEITOS, ATUALIZANDO ROTEIROS
um estudo sobre a televisão 2021 – 2022

Elizabeth Bastos Duarte

Editora Sulina

Copyright © Elizabeth Bastos Duarte, 2022
Capa: Like Conteúdo
Editoração: Niura Fernanda Souza
Revisão: Felipe Minor
Editor: Luis Antônio Paim Gomes

Bibliotecária responsável: Denise Mari de Andrade Souza CRB 10/960

D812a	Duarte, Elizabeth Bastos
	Ajustando temporalidades, afinando conceitos, atualizando roteiros: um estudo sobre a televisão 2021-2022 / Elizabeth Bastos Duarte. -- Porto Alegre: Sulina, 2022.
	262 p.; 14x21 cm.
	ISBN: 978-65-5759-061-4
	1. Meio de Comunicação Social. 2. Televisão. 3. Audiovisual. 4. Sociologia. I.Título.
	CDU: 316.77
	659.3
	CDD: 301
	302
	791.45

Todos os direitos desta edição são reservados para:
EDITORA MERIDIONAL LTDA.

Rua Leopoldo Bier, 644, 4º andar – Santana
CEP: 90620-100 – Porto Alegre/RS
Fone: (0xx51) 3110.9801
www.editorasulina.com.br
e-mail: sulina@editorasulina.com.br

Abril/2022

Ao Pedro,
meu amigo, meu parceiro,
meu amante,
dedico estes escritos e fragmentos
de um poema que só faz
reafirmar o que sinto:

Amar o perdido
deixa confundido
este coração
(...)
mas as coisas findas
muito mais que lindas,
essas ficarão.
(Carlos Drummond de Andrade)

Maricota,
meu carinhoso agradecimento pela leitura atenta,
discussão pacienciosa de conceitos, correção
de deslizes e, mais que tudo,
pela disponibilidade e companheirismo.
Foi bom, nesta trilha, por vezes dolorosa,
contar com tua presença arguta e engenhosa.
Daí por que, como entoa o cancioneiro popular,
só me resta dizer com Milton Nascimento
amiga é coisa pra se guardar debaixo de sete chaves.

Sumário

Apontamentos preliminares 13

Parte 1: Ancoragem conceptual

1 Agendamento temático, conformação indicial 19
   1.1 Das narrativas 19

2 Encaminhamentos teóricos 23
   2.1 Do privilégio à semiótica discursiva 27
   2.2 Sobre os textos midiáticos 34
   2.3 Da ausência de limites textuais 38

3 Televisão: modo de funcionamento e atuação 41
   3.1 Do contexto de existência e atuação da televisão brasileira 42
   3.2 Do modo de seleção dos programas 46
   3.3 Da forma de estruturação da programação 48
   3.4 Dos comentários 53

4 Produção: o texto televisual 55
   4.1 Das repercussões do modo de funcionamento na estruturação dos textos televisuais 58
   4.2 Da intertextualidade 59
   4.3 Da contextualidade 61

4.4 Da *gramática* do televisual.................................62
4.5 Entre reiterações e revestimentos......................64
4.6 Do texto à textualidade....................................68

5 Texto televisual: entre metadiscursividade e autorreflexividade 73
5.1 Das distinções conceptuais...............................75
5.2 Das emissoras como enunciadoras....................79
5.3 Das funções e finalidades..................................80
5.4 Sobre modalidades e configurações expressivas....82

6 Texto televisual: articulações genéricas...................89
6.1 Sobre diferentes planos de realidade discursiva....90
6.2 Dos gêneros, subgêneros e formatos..................95
6.3 Dos subgêneros televisuais..............................102
    6.3.1 Factuais...102
    6.3.2 Ficcionais...107
    6.3.3 Simulacionais...114
    6.3.4 Promocionais...116
6.4 Das estratégias de embaralhamento entre gêneros e/ou subgêneros...121
6.5 De dúvidas e questionamentos.......................124

7 Processo de tonalização: a televisão se dá ao *tom*.........127
7.1 Sobre o *tom* em outras linguagens...................129
7.2 Das referências sobre o *tom* no televisual..........137
7.3 Sobre o dispositivo de tonalização...................142
7.4 Entre *tons*, subgêneros e formatos....................146

8   Convergência entre mídias: interferências na
    configuração do texto televisual...............149
    8.1   Sobre os avanços tecnológicos do suporte:
          restrições e soluções...............151
    8.2   Sobre digitalização e interatividade...............155
    8.3   Sobre a convergência midiática...............159
    8.4   Dos jogos multitelares...............165
    8.5   Das alterações em curso...............167

9   Horizonte metodológico...............171
    9.1   Das premissas e pressupostos...............173
    9.2   Dos distintos direcionamentos
          da textualidade...............176
    9.3   Sobre o roteiro-suporte da metodologia
          de análise...............179

Parte 2: Ensaio aplicativo

10 Agendamento temático e contextual...............185
    10.1 Das observações sobre o entorno...............186

11 Telejornais: da caracterização às
    articulações genéricas...............187
    11.1 Da configuração textual...............188
    11.2 Das articulações genéricas...............190
    11.3 Do noticiário às notícias...............192
    11.4 Das hibridações genéricas...............195
    11.5 Das reiterações intertextuais sintagmáticas...............198
    11.6 Das observações adicionais...............198

12 Telejornais: da conformação intratextual discursiva/expressiva 201
12.1 Da tematização/figurativização 201
12.2 Da espacialização 202
12.3 Da actorialização 203
12.4 Da temporalização 208
12.5 Da tonalização 214
12.6 Das observações adicionais 217

13 Telejornais: das alterações em curso 221
13.1 Das apropriações tecnológicas 221
13.1.1 Entre telas, espaços e tempos 223
13.2 Dos ajustamentos discursivos/expressivos 226
13.2.1 Tematização/figurativização 226
13.2.2 Espacialização 228
13.2.3 Actorialização 229
13.2.4 Temporalização 230
13.2.5 Tonalização 230
13.3 Das tendências em curso 231
13.4 Das considerações 233

Ainda algumas anotações 235

14 Referências e bibliografia 241
14.1 Bibliografia 241
14.2 Referenciação televisual 258

Credenciamento da autora 261

Apontamentos preliminares

Tempos difíceis, surpreendentes, tempos de confinamento, isolamento total: o que fazer então com esse espaço temporal indefinido, cujo término depende do acesso a um imunizante que chega aos poucos, em pequenas doses? Para uma mulher da terceira idade como eu, restaram duas opções: ver televisão!? escrever sobre televisão!? Optei pelas duas; foram, assim, esses tempos de desalento a fonte de inspiração para a redação destes escritos. Afinal, além de mulher, idosa, sou gaúcha e, como tal, *não posso me entregá pros vírus...*

Este livro procura então agregar as contribuições que acredito, talvez de forma pretensiosa, haver aportado aos estudos de televisão, desenvolvidas na perspectiva de uma semiótica discursiva de inspiração europeia, fundamentada basicamente em Hjelmslev, Greimas e Barthes. Mas, de forma deliberada, procurei deixar de lado o excesso de objetividade e impessoalidade que costumeiramente impregna qualquer tipo de trabalho científico, recomendação à qual por anos a fio me submeti.

Trata-se, dessa forma, da releitura e atualização de um conjunto de conceitos que foram sendo por mim desenvolvidos, ao longo destes vinte anos de pesquisas direcionadas e aplicadas ao exame dos textos televisuais, com o intento de possibilitar a realização de uma análise mais acurada de seus processos de produção de significação e sentidos, bem como uma identificação mais precisa das especificidades do discurso televisual.

Nesse processo de ajustamento e/ou aprofundamento de conceitos, muitos deles expostos em trabalhos e publicações minhas, optei por sua não citação direta e/ou referenciação explícita, visto que todos eles constam da bibliografia, e isso poderia tornar cansativa a leitura. Mais ainda, os próprios títulos dessas produções evidenciam seus temas e contexto de abordagem.

Tal percurso, por vezes atribulado, passa pela própria concepção de texto televisual; pela consideração de seus meios técnicos de produção, circulação e consumo como linguagens que sobredeterminam as sonoras e visuais convocadas para sua manifestação; pela caracterização dos modelos genéricos adotados; pela proposição de um novo dispositivo, o de tonalização do discurso, que aponta não só para traços de seu enquadramento genérico, como lhe confere identidade; pela configuração das relações de convergência entre a televisão e outras mídias e suas repercussões na construção dos textos televisuais; por uma melhor compreensão dos jogos multitelares que operam, hoje mais do que nunca, como linguagens no interior dos textos televisuais; e, mais que tudo, pelo desenvolvimento paulatino e persistente de uma metodologia que possibilite uma análise mais rigorosa dos textos televisuais, bem como a identificação de suas particularidades.

O processo de construção dessa metodologia teve seu início já no começo dos anos 2000, havendo, aliás, motivado a realização de um pós-doutoramento sob a orientação do Prof. Dr. François Jost (Sorbonne Nouvelle)[1] e, na sequência, foi sendo complementada e ajustada pela publicação do livro *Televisão: ensaios metodológicos*[2] no âmbito das investigações

---

[1] Pós-doutoramento em Televisão, sob orientação do Prof. Dr. François Jost, Université de Paris III – Sorbonne Nouvelle, 2003.
[2] DUARTE, Elizabeth Bastos. *Televisão: ensaios metodológicos*. Porto Alegre: Sulina, 2004. Col. Estudos sobre o audiovisual.
DUARTE, Elizabeth Bastos. Televisão: desafios teórico-metodológicos. In: BRAGA, José Luiz; LOPES, Maria Immacolata Vassalo de; MARTINO, Luiz Claudio.

por mim realizadas durante o Acordo Capes/Cofecub e como pesquisadora do CNPq, bem como daquelas desenvolvidas pelos demais participantes, muitos deles orientandos ligados aos Grupos de Pesquisa Significação Televisual (PPGCom Unisinos) e Comunicação Televisual (PPGCom UFSM)[3].

Dentre todas as mídias, a televisão sempre foi a *china pobre*: o cinema é a sétima arte; o jornal, por vezes, literatura; o rádio, pura informação; a internet, tecnologia de ponta. Mas da tevê só se fala mal; ela é sempre a vilipendiada. E eu frequentemente me pergunto por que cuspimos no *feijão de todos os dias*. A realidade é que gastamos com ela um tempo inconfessável, muito maior, diga-se de passagem, do que com qualquer uma das outras mídias.

Sim, porque, articulada às novas tecnologias, a televisão vem exercendo, para aquém e para além das funções que lhe são tradicionalmente atribuídas, a de auxiliar na prevenção da doença que hoje acomete parte considerável da humanidade, fornecendo dados, ilustrando ocorrências, cobrando energicamente posições condizentes das autoridades, denunciando abusos, entre outras.

Vale ainda ressaltar que, nestes tempos de grave pandemia, dos quais me aproveito para a redação e montagem deste livro, a relevância social, o espaço e as funções desempenhadas pela televisão por si só justificariam, se preciso fosse, meu reiterado interesse por essa mídia por tantos desdenhada.

Assim, em que pese as inúmeras críticas que lhe são feitas, muitas delas totalmente justificadas, a televisão continua

---

(Org.). *Pesquisa empírica em comunicação* (Livro Compós 2010). São Paulo: Paulus, 2010, p. 227-248.
[3] O Grupo de Pesquisa Comunicação Televisual (ComTV), registrado no Diretório de Grupos de Pesquisa no CNPq, coordenado pelas Profas. Dras. Elizabeth Bastos Duarte e Maria Lília Dias de Castro.

exercendo sobre mim – *me assumo e me assino, teatina* – um enorme fascínio pela extensividade de seu poder de atuação e compartilhamento: as narrativas que oferece aos telespectadores, exibidas, muitas vezes, ao vivo, independentemente de seu caráter factual, ficcional e/ou simulacional, são consumidas por milhares de pessoas simultaneamente. É só pensar que, via telinha ou telão?!, os homens contemporâneos assistiram juntos, por vezes em nível planetário, ao primeiro astronauta pisando na Lua, ao casamento de conto de fadas da Lady Di, à guerra pré-agendada do Golfo, ao ataque às Torres Gêmeas, à invasão ao Iraque, à propagação do coronavírus e, também ou mesmo, ao último capítulo da interrompida novela das 21 horas, participando conjuntamente das grandes narrativas factuais e/ou ficcionais que vêm mobilizando o mundo pós--moderno.

Internet/web, com seus *whatsapps, sites, facebooks, instagrams* e outros que tais possibilitam, é verdade, o pronto acesso à informação, seja ela verdadeira ou mesmo uma *fake news*, e facilitam a interação entre seus usuários, mas não garantem a imediatez da partilha, não propõem um conhecimento comum que se torne objeto de discussão e diálogo da sociedade como um todo, independentemente de classe, raça, sexo, faixa etária ou posicionamento político, exatamente porque se tornou um saber comum e de acesso simultâneo à grande parte da população.

Para finalizar estes apontamentos, gostaria de deixar aqui bem registrado meu respeito à Profa. Dra. Maria Lília Dias de Castro – amiga de longa data, colega de trabalho na UFRGS, CLP, UNISINOS e UFSM, parceira na docência de algumas disciplinas e companheira neste percurso de reflexão, particularmente no ajustamento e testagem das proposições metodológicas que aqui apresento.

Parte 1
Ancoragem conceptual

> Não meu, não meu é quanto escrevo.
> A quem o devo?
> De quem sou arauto?
> Por que, enganado, julguei ser meu o que era meu?
> (Fernando Pessoa)

1 Agendamento temático, conformação indicial

> Ora (direis) ouvir estrelas! Certo
> Perdeste o senso! E eu vos direi, no entanto,
> Que, para ouvi-las, muitas vezes, desperto
> E abro as janelas, pálido de espanto...
> (Olavo Bilac)

A primeira parte deste estudo se propõe a refletir sobre a produção midiática, em particular sobre a televisual, com o intuito de desenvolver, afinar e articular um corpo conceptual que possibilite melhor compreender os textos midiáticos e fundamente a análise das narrativas televisuais.

1.1 Das narrativas

Os seres humanos – e eu sou um ser humano –, desde sempre gostaram de ouvir e contar histórias: elas despertam seu interesse, suscitam sua curiosidade, aplacam sua necessidade de compreensão do mundo. Afinal, falsas ou verdadeiras, essas narrativas os auxiliam a organizar suas ideias e pensamentos, manifestam seus desejos, conferem sentido aos acontecimentos que os rodeiam, transmitem seus conhecimentos e experiências, perpetuam seus feitos e, mais que tudo, revestem-se de razões para que se comuniquem.

Com esse intento interativo, homens e mulheres vêm, no decorrer de sua história, buscando, persistentemente, novas formas de expressão: em nome dessa pretensão, desenvolveram diferentes linguagens sonoras e visuais que servissem de suporte a esse contar e, mais, para garantirem seu compartilhamento e transmissão, ensaiaram diferentes escritas, testaram diferentes *telas* onde as pudessem inscrever – pedra, barro, papiro, papel e tudo o mais que se prestasse ao seu registro e veiculação.

Mas, como apenas isso não tenha se mostrado suficiente para aplacar seus anseios, eles têm apostado incessantemente no desenvolvimento de recursos técnicos, cada vez mais sofisticados e eficientes, capazes de possibilitar a veiculação e promover a circulação dessas narrativas. Ora, aproveitando-se de desejo tão intenso, as mídias, aos poucos, foram entrando em cena – imprensa, fotografia, cinema, rádio, televisão, internet. Com isso, a aspiração por uma comunicação mais ampla entre os homens foi então ganhando maior consistência e concretude.

E cada uma dessas mídias, ao marcar seu espaço no universo midiático, o fez apropriando-se dos recursos aportados pelos meios anteriores, a eles agregando novas potencialidades; atribuindo formas mais precisas e convincentes; conferindo melhores condições de expressão e maior sofisticação ao ato de contar, ao permitir a articulação entre diferentes linguagens, ao fornecer opções mais qualificadas para seu registro e circulação, ao criar diferentes plataformas e telas em que essas histórias se dessem a ver.

Ora, a televisão não fugiu à regra, incorporando, como as demais mídias que a precederam, não só os recursos aportados pelos meios anteriores, como a eles adicionando todo um novo arsenal de possibilidades. Mais ainda, consciente e senhora de seu poder, ela investiu maciçamente na qualificação de recursos técnicos, responsáveis pela realização, registro e veiculação de suas narrativas.

E, nesse percurso incessante em busca por melhores condições de expressão e maior precisão ao ato de contar, as apostas televisuais vêm-se dando em múltiplas direções: a da qualificação dos produtos, a da eficiência de sua circulação, a da capacitação de suas formas de veiculação, a da multiplicação de seus modos de consumo e, mais que tudo, a da sofisticação de suas estratégias comerciais de sobrevivência. Assim, para além da articulação entre diferentes linguagens sonoras e visuais, à produção televisual soma-se atualmente um sem-número de possibilidades, advindas das novas tecnologias, de suas astuciosas formas de vencer o tempo e desfazer a distância, de circular pelo planeta, quiçá pelo Universo. No momento, à guisa de exemplo, esses investimentos em tecnologia de ponta vêm-se direcionando à oferta de maiores opções aos telespectadores/usuários quanto ao modo de consumo e interação com esses relatos: o propósito é garantir uma mobilidade que permita a seus consumidores definir *onde, quando* e *em quais telas* querem se relacionar com as narrativas veiculadas pela televisão.

Mais ainda, a alegação de que as emissoras de televisão exibem o que o povo quer ver é uma falácia, um entimema. Até os cidadãos mais simples sabem reconhecer quando se deparam com um produto de qualidade, e a televisão sabe disso muito bem. Afinal, os seres humanos têm sede de beleza e perfeição. E, se não fosse por isso, todos sucumbiriam facilmente ao hábito, até mesmo aos de mau gosto: há fartos exemplos nessa direção. A televisão possui um alto poder de imposição, que será tanto maior quanto mais gabaritados forem os programas que coloca no ar.

Tanto isso é verdade que foi devido a esse investimento maciço em diversas direções que a televisão deteve, por mais de cinquenta anos, um controle absoluto sobre o mercado de narrativas. Esse processo, entretanto, não saiu de graça, pois a televisão, ardilosamente, ao arrogar para si a tarefa de produção/mediação de narrativas, transformou em **negócio** a necessidade humana de produzir e partilhar relatos. E o fato de os textos/programas televisuais terem assumido o estatuto de mercadoria, como se verá na sequência, não *passou batido*, sendo essa condição determinante no modo de fabricação e gestão dos produtos televisuais.

2 Encaminhamentos teóricos

> Caminho por uma rua que passa
> em muitos países. Se não me veem,
> eu vejo e saúdo velhos amigos.
>
> (Carlos Drummond de Andrade)

As Ciências Humanas e Sociais e, em particular, a Comunicação Social encontram-se diante de um imenso desafio: a busca de paradigmas teórico-científicos que melhor as capacitem a enfrentar o fenômeno midiático atual, ou seja, o desenvolvimento acelerado das mídias e as transformações culturais em seu nome ocorridas. A esse respeito, aliás, cabe lembrar que, somente frente a tal contexto, a Comunicação Social estabeleceu-se no Brasil, no decorrer dos anos 1960, como campo autônomo de conhecimento, ganhando com isso sua alforria – e o fez, salienta-se, de forma inovadora, pois, em inúmeros países europeus, isso só ocorreu a partir da década de 1980.

Assim, curiosamente, a comunicação humana, permanente objeto de interesse e investigação de diferentes áreas das Ciências Humanas e Sociais, ganha uma omnipresença e difusão, por vezes inquietantes, com a participação das mídias, visto que hoje elas se tornaram seu objeto mais instigante de pesquisa. Isso não significa, entretanto, uma diminuição das dificuldades a serem enfrentadas pelos investigadores do campo na análise dos fenômenos comunicacionais midiáticos.

Sim, porque a constituição de qualquer campo de conhecimento tem que encarar de frente um vazio teórico-metodológico inicial, responsável pelo persistente percurso de busca e apropriação de conceitos e metodologias de outras áreas, cuja articulação nem sempre corresponde aos critérios de coerência e consistência desejáveis e/ou cobre as exigências de adequação ao objeto de estudo.

Mais ainda, no caso em pauta, a essa lacuna teórica inicial agregam-se também questões referentes à complexidade dos fenômenos a serem analisados, cuja compreensão, tarefa árdua, implica o descortínio de relações interdisciplinares e o conhecimento aprofundado de um processo de produção ainda recente, cujo domínio é privativo de poucos. Embora não haja mais no planeta espaços exteriores às mídias, ainda que elas funcionem como uma agenda coletiva, sobredeterminando outras esferas do social, a bem da verdade, pouco se sabe verdadeiramente sobre seu modo de funcionamento, função, consequências, efeitos, que não são nem lineares, nem previamente calculáveis, como, aliás, acontece com qualquer processo recente e complexo, carecendo, portanto, de criteriosas investigações.

A comunicação humana mediada pelos meios de comunicação de massa, ou seja, pelas mídias, vem-se sofisticando de forma acelerada, comportando distintas instâncias produtoras e receptoras, com seus respectivos sujeitos e cenários amplos e restritos; permanentes avanços e atualizações dos meios técnicos suportes da produção e circulação das mensagens, bem como das tecnologias, dispositivos e ambiências que permitem sua recepção; e, finalmente, mas antes de tudo, os **textos-mensagem**, frutos desse complexo processo de produção de significação e sentidos e manifestos a partir de uma intrincada rede de relações entre as diferentes linguagens e tecnologias convocadas para sua expressão.

É que os textos midiáticos não são apenas complexos, ou seja, intersemióticos; eles são, além disso, híbridos, pois há, sem dúvida, a interferência e a sobredeterminação dos meios técnicos próprios de cada mídia no modo de estruturação dessas linguagens, que, se de um lado ganham com isso especificidade, de outro, deixam-se contaminar por transposições de procedimentos/mecanismos empregados pelas demais mídias.

Há, além disso, que se questionar o estatuto das próprias empresas midiáticas, estatais e/ou privadas, muitas de caráter comercial, mas todas movidas por objetivos bem definidos, sejam eles de ordem política e/ou econômica. Na maior parte dos casos, elas visam tão somente à maximização dos lucros: sua lógica é mercantilista; seus textos, mercadorias, que, como quaisquer outras, são oferecidas ao mercado global. Em razão disso, trata-se de uma produção comprometida com interesses e estratégias de *marketing*, com lógicas próprias do mercado que a produz e veicula e que intenta seu consumo.

Torna-se, assim, evidente que a *gramática* que preside a realização dos produtos de cada uma das diferentes mídias está em permanente construção, em face não apenas da contribuição das novas tecnologias e da criatividade de artistas e profissionais do meio, como da importação e intercâmbio de estratégias discursivas e mecanismos expressivos de um tipo de linguagem midiática para outro; de movimentos de apropriação que até mesmo transformam esses mecanismos em meros recursos retóricos. Tal configuração justificaria, de certo modo, a posição defendida por alguns estudiosos que concebem todos os textos midiáticos, independentemente da mídia que os veicula, como pertencentes a uma mesma formação discursiva, desistindo, de antemão, de dar conta de suas especificidades. Por outro lado, não se pode esquecer que os distintos processos midiáticos, tal como são aqui concebidos, estão sob o abrigo de uma área de conhecimento mais ampla. Com isso se quer dizer que os aspectos históricos, sociológicos, psicológicos, políticos, econômicos e tecnológicos por eles atualizados, bem como aqueles ligados às teorias e metodologias que permitem analisá-los, ocupam um espaço complementar e/ou instrumental, uma vez que se encontram sob a chancela da Comunicação Social.

Esta é, em termos gerais, a grande *sinuca* a ser enfrentada pelos pesquisadores da área, a quem só resta como opção *tomar tento* e enfrentar as dificuldades advindas de um permanente contexto de alterações e ajustes, bem como da insuficiência e, por vezes, inadequação do aparato teórico-metodológico de que dispõem frente à complexidade do processo a que se propõem analisar. Vale ainda lembrar que os aspectos relativos à midiatização necessitam até mesmo de uma metalinguagem descritiva que unifique seu emprego e possibilite a articulação dos diferentes níveis de apreensão dos fenômenos midiáticos; que a própria noção de mídia é puramente empírica, não estando ligada especificamente a nenhuma teoria. Assim, se os modelos existentes fornecem explicações muito simplificadas e elementares da comunicação midiática, é hora de buscar novos caminhos, de desenvolvê-los, de complementá-los.

Acredita-se que as Ciências das Linguagens – e, em especial, a **Semiótica**, cujo propósito maior é o exame dos processos de produção de significação e sentidos materializados em textos – têm muito a oferecer à Comunicação Social. Afinal, elas possuem constructos teóricos sólidos e aparatos metodológicos coerentes, consistentes, rigorosos e, não seria ousadia dizer, adequados ao objeto de estudo da Comunicação, que, em última instância, é o **texto**, independentemente das linguagens que ele convoque para sua manifestação; das redes de relações que o definam. Afinal, todo processo comunicativo também se materializa *stricto sensu* em textos, que produzem significação e sentidos, podendo utilizar-se, para sua expressão, das mais diversas linguagens.

2.1 Do privilégio à semiótica discursiva

A Semiótica de inspiração europeia é um projeto de ciência que, na esteira de Saussure (1916), Hjelmslev (1972; 1975; 1976), Greimas (1973; 1975; 1976; 1981; 1993; 1999; 2002; 2013; 2014) e Barthes (1964; 1982; 1985; 2002), propõe-se a descrever os processos de produção de significação e sentidos manifestos em textos. Por **significação**, a Semiótica entende a relação de interdependência contraída pelos dois planos do texto: conteúdo e expressão. Um conteúdo só é conteúdo porque a ele corresponde uma expressão; uma expressão só é expressão porque é expressão de um conteúdo.

Já os **sentidos** são relações que se dão no **interior** de cada um dos planos do texto, entre **forma** e **substância**, resultado da projeção da primeira sobre a segunda. Há, assim, **sentidos de conteúdo** e **sentidos de expressão**. Vale ressaltar que a substância só ganha existência quando *em*formada.

Dessa maneira, o objeto empírico de investigação da Semiótica são os **textos** produzidos pelo homem, independentemente das linguagens que convoquem para sua manifestação, dos meios que utilizem para sua divulgação e das intenções que presidam sua realização. E, na perspectiva da Semiótica, qualquer **mensagem comunicativa** se materializa em um **texto**, ao qual ela, (*des*)pretensiosamente, se dispõe a analisar.

Assim, a Semiótica sempre teve, mais que uma vocação teórica, um propósito bastante pragmático: o de descrever com rigor os processos de produção de significação e sentidos que se realizam em textos. Em razão disso, ela, como a Comunicação, não pode ignorar os fenômenos culturais midiáticos contemporâneos que circundam esses textos, exigindo explicações. É essa partilha de objeto e interesses de investigação – afinal, as mensagens se materializam em textos, textos que são processos, textos cujos limites cabe ao analista definir – que torna valiosa a aliança entre Semiótica e Comunicação, até por ela reservar à Comunicação um papel preponderante, visto que a ela se oferece como ferramenta descritiva.

É de se perguntar então que razões levariam a Comunicação, em um mundo tão pragmático e acelerado quanto o contemporâneo, a abrir mão de ferramenta tão potente que, para além de preencher uma lacuna teórica, lhe permitiria analisar seus produtos sem correr o risco de se ver absorvida ou ameaçada por outras áreas das Ciências Humanas e Sociais? Elas, embora desde sempre venham reafirmando seu interesse pelos temas relativos à comunicação humana, não estão certamente dispostas a abdicar de sua soberania e ser relegadas ao simples estatuto de metodologias. Nessa perspectiva, a aliança entre Comunicação e Semiótica contempla as expectativas de ambas as áreas, pois, ainda que os modelos semióticos representem para a Comunicação meros procedimentos descritivos direcionados à aquisição de um conhecimento aprofundado sobre o seu próprio campo de investigação, ela não lhe subtrai os objetivos em sua plenitude.

Assim, em que pese a necessidade de uma revisão e/ou mesmo o *relaxamento* de certas questões teóricas, por vezes caras à Semiótica mais ortodoxa, mas não pertinentes às intenções da Comunicação, a aplicação de sua metodologia parece feita sob medida, ajustando-se perfeitamente aos seus propósitos. E tais questões, se não dizem respeito às potencialidades da Semiótica – sem dúvida, ela tem muito a investigar –, são possivelmente concernentes à validade e eficácia heurística de seus modelos, quando aplicados, de forma ortodoxa, aos distintos níveis de complexidade e hibridação dos textos midiáticos.

Acredita-se, nessa perspectiva, que, apesar das muitas alterações, em nível profundo, fundamental, a organização do plano do conteúdo dos textos midiáticos, tenham eles os objetivos que tiverem, obedece, como reza Greimas, a certas normas. A teoria greimasiana (1973) parte do pressuposto de que o conteúdo de qualquer texto estrutura-se obedecendo a certas regularidades, que propõe fiquem circunscritas pelo conceito de **narratividade**, tão bem estruturado e generalizado pela teoria greimasiana, na esteira de Propp (1972; 2006), Lévi-Strauss (1981; 1982; 1989) e Dumézil (1992).

A narratividade comporta, segundo o mestre lituano, três patamares com níveis de profundidade e complexidade diversos: a **estrutura profunda** da ordem do universal; a **estrutura narrativa** da ordem do cultural; a **estrutura discursiva** da ordem da enunciação, das escolhas operadas pelo(s) enunciador(es).

A estruturação narrativa tem um caráter lógico-sintático--semântico. Os percursos narrativos são uma grade cultural de leitura do mundo, que mantêm entre si uma relação de pressuposição e implicatura: há coerência entre qualificação, ação e sanção; são etapas pautadas por uma lógica que diz de causas e consequências, de meios e fins, etc.

E essa concepção estrutural e lógica tem como meta levar os sujeitos à realização das ações pretendidas e, posteriormente, julgá-los pelo seu desempenho. Essa lógica parte do pressuposto de que todo sujeito só age quando é dotado de competência para tal fim; quando é manipulado através do emprego estratégico de distintas formas de convencimento.

Mas a existência e a consequente identificação de certas formas universais e/ou culturais organizadoras da narrativa não resolvem o problema de quem busca as diferenças: não se pode esquecer que a pretensão da Comunicação não é verificar o que faz de todo o texto um texto, mas o que o caracteriza como um *texto midiático*. Mais ainda, *como* ele faz para dizer o que diz nas diferentes mídias, com vistas a atingir seus propósitos.

Assim, mesmo que preservados os universais semióticos, uma descrição em nível profundo ou mesmo narrativo não interessa diretamente à Comunicação, pois o que distingue os textos midiáticos de outros se situa em seu nível mais superficial, ou seja, em seu processo de **discursivização** (Fontanille, 1995), espaço de manifestação das opções do enunciador – de suas seleções e combinações; do seu privilégio a determinadas estratégias discursivas e mecanismos expressivos.

Ao âmbito discursivo correspondem uma semântica e uma sintaxe, responsáveis pelas operações de seleção e combinação destinadas ao preenchimento e manifestação dos esquemas e dos programas provenientes da instância narrativa.

O nível discursivo comporta dispositivos de ordem semântica e sintática: a tematização e a figurativização pertencem ao âmbito da semântica, dando conta dos temas e de suas formas de figurativização; a actorialização, a temporalização, a espacialização e a tonalização são da ordem da sintaxe, visando à produção de um elenco de atores, de um quadro espaço-temporal em que eles se movimentam e de um conjunto de formas de interpelação direcionadas ao receptor.

A essas operações discursivas correspondem procedimentos, cuidadosamente planejados pelo enunciador para expressarem os sentidos que ele pretende conferir ao discurso, aos quais se denominam estratégias discursivas. Essas estratégias podem ser de várias ordens, dependendo do tipo de operação a que correspondem e do tipo de procedimento escolhido para manifestá-las.

As estratégias discursivas são, dessa forma, a manifestação discursiva e textual de tais escolhas, isto é, das seleções e combinações realizadas pelo enunciador dentre as reais possibilidades ofertadas pelos distintos dispositivos discursivos.

Todo jogo comunicativo, embora se submeta a um conjunto de regras, utiliza-se de estratégias de convencimento que perpassam toda sua textualidade. As escolhas dessas estratégias podem fundamentar-se na lógica ou em alguma forma de manipulação. A lógica pressupõe a aplicação de um método que impregna toda a estruturação textual, demonstrando, pela razão, os motivos pelos quais o enunciatário de um processo comunicativo/discursivo deve aderir ao jogo a ele proposto.

Já a manipulação, empregada em diferentes níveis textuais, fundamenta-se, segundo Greimas (1973), em outros princípios, operando via figuras como a **tentação**, que corresponde a levar o outro a *fazer* via cobiça/suborno; a **intimidação**, que corresponde a levar o outro a *fazer* via alguma forma de coerção, temor, receio e/ou medo; a **sedução**, que corresponde a levar o outro a *fazer* via formas de encantamento e/ou fascínio; a **provocação**, que corresponde a levar o outro a *fazer* via desafio, incitação.

Essas diferentes modalidades de manipulação podem se atualizar através da adoção de distintas estratégias comunicativas/discursivas, uma vez que aquilo que tenta, intimida, seduz ou provoca é variável de sujeito para sujeito. A opção por uma figura de manipulação em detrimento de outras pressupõe, assim, o conhecimento do enunciador sobre o enunciatário: a eficácia de sua escolha está diretamente relacionada a esse conhecimento, indispensável para o êxito de um processo comunicativo.

Projetada a noção de estratégia no âmbito da produção midiática – comunicação e mercadoria a ser consumida por milhões de receptores –, pode-se imaginar o quanto ela deve ser elaborada, calculada, para poder responder às necessidades de economia de tempo da produção e às aspirações de novidade dos espectadores. Há todo um cuidadoso e criativo trabalho de estrategista subjacente à realização de cada texto midiático. Podem-se divisar dois níveis distintos de estratégias: as **comunicativas**, ligadas ao processo produtivo, sobredeterminando as discursivas; e as **discursivas**, cuja manifestação é sempre textual.

A enunciação, como espaço desencadeador dessas operações seletivas, é responsável pela eleição, dentre as virtuais possibilidades combinatórias de unidades discursivas, daquelas que estão em condições de produzir os efeitos de sentido desejados. A esse conjunto de deliberações tomadas pelo enunciador dá-se o nome de *discursivização*, e à atualização de determinadas escolhas frente ao repertório de possibilidades virtuais, de *estratégias discursivas*. As estratégias são, assim, da ordem do uso, não implicando obrigatoriamente a obediência a regras previamente estabelecidas.

Os mecanismos expressivos, arranjos de formas de expressão, cuja ordenação se submete a regras (sintáticas) de combinação de elementos e de linguagens, são selecionados pelo enunciador dentre um repertório de virtuais possibilidades, para manifestar uma determinada estratégia discursiva. E tais possibilidades, com o desenvolvimento dos meios técnicos, vêm, de um lado, aumentando significativamente; de outro, somam-se também restrições. Mas tais distinções, que se instauram no fluxo dos sentidos, só acontecem no momento preciso do processo enunciativo-comunicativo, considerando a dimensão técnica dos aparelhos de produção e circulação de conteúdos.

Vale ainda alertar, **os textos/mensagens não são confiáveis**: eles são determinados historicamente, variáveis devido a situações particulares, motivados em razão de seus propósitos **comunicativos**.

Desse modo, reitera-se, o que diferencia os textos midiáticos de outros e mesmo entre si são seus contextos enunciativo e produtivo que atuam fortemente sobre seu processo de discursivização, lugar da opção e do emprego de novos procedimentos, estratégias discursivas e mecanismos expressivos, que evidenciam não só o que os textos midiáticos, no caso, *dizem*, mas, mais que tudo, *como* fazem para *dizer* o que *dizem*. É esse *como* que os distingue que desperta interesse. E, mais, o desenvolvimento tecnológico interfere estrutural e substancialmente no processo comunicativo e, por consequência, na própria estruturação dos textos midiáticos, atuando também e diretamente no seu processo discursivo, nas seleções e combinações operadas pelo enunciador, concernentes ao modo como pretende organizar o que *diz*. Se, de um lado, leva em conta valores culturais, intenção comunicativa, de outro, não ignora a mídia empregada para a veiculação da mensagem e as linguagens privilegiadas para sua manifestação, então consideradas em suas potencialidades e restrições.

2.2 Sobre os textos midiáticos

As diversas mídias – rádio, cinema, televisão, vídeo, computação, internet – colocam em jogo simultaneamente distintos sistemas de representação, diferentes linguagens na produção de seus textos: normalmente, seu conteúdo se expressa através da articulação de diferentes linguagens sonoras e/ou visuais, estruturadas em função de seus modos próprios de contar as narrativas; da convocação de estratégias discursivas e mecanismos expressivos pertinentes a cada mídia, selecionados dentre um arsenal de procedimentos disponíveis, tendo como objetivo impor ao receptor a interpretação que lhe *interessa* dos acontecimentos representados.

Como se trata de textos complexos, isto é, que lançam mão de múltiplas linguagens para sua expressão, não é, portanto, essa recorrência que estabelece distinções entre eles.

A enunciação midiática tem características bem particulares, correspondendo, em muitos casos, a formas de atuação coletiva: parece haver uma espécie de fuga dos enunciadores que se remetem uns aos outros, em termos de concatenações progressivas e culturalmente determinadas, o que resulta frequentemente em um aparente apagamento dos sujeitos nas duas pontas desse tipo de processo comunicativo. Quem é, por exemplo, o enunciador de um telejornal ou de um programa de entrevistas? Os âncoras, os atores, os entrevistados, os redatores, os câmeras, a cadeia de televisão que os transmite, as forças políticas e/ou econômicas por trás das emissoras, a sociedade em geral?... Mesmo a listagem de créditos no final dos programas certamente não esgota o número de sujeitos responsáveis pelo processo enunciativo. Não há, portanto, possibilidade de delimitação precisa. É como se houvesse sempre um enunciador cada vez mais atrás, mas, com isso, o que fazer? (Barros, 2008).

Ocorre que os suportes próprios de cada mídia, seus meios técnicos de produção e circulação, seu modo de funcionamento interferem estrutural e substancialmente em seu processo comunicativo e, por consequência, na própria estruturação dos textos midiáticos, impondo-lhes restrições e oferecendo-lhes possibilidades expressivas; configurando, enfim, o que se poderia chamar de diferentes *gramáticas* de formas de expressão. Tais recursos técnicos e o decorrente modo específico de funcionamento de cada mídia ganham, nessa perspectiva, o estatuto de linguagens, razão pela qual a significação e os sentidos desses produtos não podem ser apreendidos ignorando aqueles acrescidos pelas dimensões técnicas e sensíveis de sua aparelhagem tecnológica e do modo de funcionamento por elas reivindicado.

Mas as distintas *gramáticas midiáticas* são ainda bastante recentes e, mais, estão em permanente movimento de ajuste, pois cada avanço técnico impõe toda uma reordenação das suas regras. É evidente também que esse mesmo desenvolvimento tecnológico, que permite hoje ao cinema ou à televisão se apropriarem, por exemplo, de recursos próprios da *gramática* videográfica e/ou vice-versa, torna os textos midiáticos cada vez mais híbridos. Assim, à complexidade e ao sincretismo de base, constitutivos desse tipo de texto, somam-se novos processos de hibridação, decorrentes não só das constantes apropriações intersemióticas e intermidiáticas, como da própria hibridação dos meios. Pode-se divisar, nessa perspectiva, uma hibridação de base decorrente da própria natureza dos textos midiáticos, mas que vem acrescida pela superposição de vários outros níveis de hibridação. Daí por que, mais do que estabelecer os contornos de suas *gramáticas*, interessa à Comunicação registrar suas transformações em ato.

Um outro aspecto que merece atenção é a forma de tratamento das linguagens atualizadas na manifestação dos produtos midiáticos. É preciso ter presente que os processos comunicativos que engendram os distintos textos midiáticos caracterizam-se como um complexo de relações que remete não só a tipos diversos de configuração de imagens e sons, ao privilégio de formas de estruturação narrativa diversas, mas que, simultaneamente, exige sua adequação a outros elementos, tais como suportes, plataformas, telas, dispositivos, além de a aspectos mais pragmáticos envolvendo horários de veiculação, público a que se destina, condições de recepção, cenários sociais e culturais, etc.

Há, nessa perspectiva, uma máquina discursiva que opera transposições, fusões, compatibilizações, configurações, a partir da seleção de estratégias discursivas e mecanismos expressivos, adequados às intenções comunicativas e às possibilidades, recursos e restrições de cada mídia.

Tais operações podem se dar virtualmente em todos os níveis e planos das linguagens convocadas, tendo por base os dois tipos de relação já anteriormente mencionados, quais sejam:

(1) **a combinação de elementos** – qualquer unidade de qualquer nível de linguagem, em qualquer linguagem, serve de contexto para unidades mais simples e/ou encontra seu contexto em uma unidade de linguagem mais complexa. Assim, todo grupamento de unidades liga-se a uma unidade superior ou vice-versa. A instância superior, no caso dos textos midiáticos, é sempre a mídia que atua como linguagem, sobredeterminando as demais linguagens convocadas. As combinações em textos midiáticos podem articular-se por *justaposição* ou *fusão*. Acontece que toda combinação pressupõe a seleção;

(2) **a seleção de elementos** – qualquer unidade de qualquer nível de linguagem, em qualquer linguagem, relaciona-se com termos alternativos. Isto implica a possibilidade de substituição de uma unidade por outra equivalente à primeira em determinados aspectos, mas distinta em outros, na mesma ou em outras linguagens. Acontece que toda seleção atualiza evidentemente a possibilidade de substituição.

Esses dois tipos de relação podem até mesmo ser previsíveis em uma determinada linguagem, mas essa previsibilidade é sempre confrontada no caso de relações intersemióticas e intermidiáticas, como as que ocorrem nos textos midiáticos, até porque as linguagens sobredeterminadas pelas mídias estão em constante processo de ruptura com os seus paradigmas de origem.

A articulação entre essas múltiplas possibilidades expressivas e as restrições, próprias de cada mídia, coordena, nos limites do texto, as diferentes linguagens empregadas. Mais ainda, os textos midiáticos, ao transporem, ao fundirem, ao colarem diferentes suportes e sistemas, operam verdadeiras *perfusões* e, em um processo de apagamento de sua origem, constituem-se como elementos fundantes de novas formas de expressão; de diferentes *gramáticas midiáticas*; de novos subgêneros e formatos, mais apropriados aos meios que os produzem e veiculam.

2.3 Da ausência de limites textuais

O processo de produção de significação e sentidos dos textos midiáticos, devido ao seu caráter replicante e expansivo, recorre, possivelmente mais que outros, a movimentos de transposição e tradução de caráter intertextual e paratextual.

As **transposições de sentido** e **traduções intersemióticas** são movimentos apropriativos que participam ativamente da configuração dos textos midiáticos: eles resgatam sentidos ao mesmo tempo em que acrescentam outros, trilhando por entre distintas linhas horizontais e verticais, transitando por entre diferentes níveis e planos de diversas linguagens.

Sim, porque os textos midiáticos não vêm do nada, não são gratuitos: recuperam **antes** e **sempre** sua origem, os outros textos que então lhes servem de referência e/ou entorno. E, ao transporem, produzem novos sentidos.

Tal concepção funda-se na crença de que os textos midiáticos, aliás como os demais, se expressam em termo de consenso, recuperando e apropriando-se de discursos anteriores, mas modificando-os, ajustando-os, soldando-os e moldando-

-os às suas necessidades. E, como todo ato de linguagem é inaugural, correspondendo a diferentes situações e intenções, sendo produzido *por* e *para* distintos interlocutores, nunca ocorrem apenas meras transposições: a recorrência é, pelo menos em parte, a cada vez única, singular.

As transposições de sentidos têm um caráter metatextual, podendo ocorrer **intratextualmente** entre os planos e níveis de um mesmo texto; **intertextualmente** entre os planos e níveis de textos diversos. E, mais, elas seguem em direção ao **paratextual**, ou seja, àqueles textos que lhes servem de entorno ou contexto. Trata-se, em síntese, de um percurso sofisticado, permeado por traços intersemióticos e intermidiáticos.

Evidentemente, no caso da produção midiática, tais apropriações apoiam-se em uma sintaxe de produção e compatibilização de recortes que dão conta da distribuição da informação; da sustentação e produção ideológica; da expressão e humanização do desejo, alimentando e realimentando os sistemas semióticos de uma macrossemiótica.

Mas, se o conceito de transposição de sentidos prevê lugares de origem – afinal, transpor é conduzir de um lugar específico a outro –, todo esse excesso de bricolagens, colagens, mixagens, fruto das transposições próprias do midiático, destitui, muitas vezes, esse tipo de textos de sua origem, de sua autoria, de seu espaço e história, exigindo que se alargue a noção de texto, saindo em busca de sua textualidade.

E essa busca se torna ainda mais premente devido ao fato de a produção midiática vir adotando características bastante peculiares, substituindo a integridade, a globalidade, a sistematicidade ordenada pela instabilidade, pela bricolagem, pela polidimensionalidade, pela mutabilidade. Com isso se desfaz, por vezes, a unidade em prol de um pluralismo e multiplicidade resistentes ao significado, caracterizados pela exclusão de temas centrais, pela incessante rotação dos elementos de maneira, ao menos aparentemente, aleatória, dificultando a percepção dos produtos midiáticos como qualquer coisa que não seja um mero amontoado de fragmentos cuja dimensão é cada vez mais exígua.

Tudo leva a crer que essa lógica tradicional, pelo menos em nível mais superficial, venha sendo posta em causa pelos textos midiáticos, cuja conformação, bastante peculiar, persegue o vago, o indefinido, o ambíguo, o indistinto, deixando à recepção a tarefa de preencher as lacunas, de precisar os sentidos. Mas não se pode pensar, frente a tanta diversidade, que aparentemente tudo homogeiniza, no estilhaçamento de toda e qualquer estrutura racional. O declínio de certos tipos de racionalidade não significa, sem dúvida, a morte desta; significa, tão somente, a busca de outras formas mais adequadas ao dizer contemporâneo.

Mais ainda, o nível de profundidade em que se operam essas rupturas não compromete a validade dos modelos semióticos descritivos dos processos de produção de significação e sentidos, pois, em nível profundo, fundamental, a organização narrativa dos conteúdos dos textos continua obedecendo a regularidades, não atingindo com isso, portanto, conceitos gerais como o de narratividade.

3 Televisão: modo de funcionamento e atuação

Os textos midiáticos, objeto de análise deste estudo, são, como se vem anunciando, os televisuais. Daí o interesse em recuperar aspectos do modo de funcionamento e atuação da televisão.

A televisão, ainda nos dias de hoje, é a mídia, em termos planetários, de maior difusão e relevância. Em atividade desde meados do séc. XX, ela adentrou, sem pedir licença, e instalou-se, sem qualquer constrangimento, nos lares brasileiros, onde cresceu, popularizou-se, modificando os hábitos familiares: na sala, substituindo os saraus; nos quartos, ocupando parte do espaço até então dedicado a outras atividades.

Segundo o Ibope, o aparelho de televisão está na sala, no quarto ou na cozinha de cerca de 92% dos brasileiros: faz parte dos móveis e utensílios domésticos, iluminando a grande maioria dos lares com o colorido de sua tela, via programação de diferentes canais. Sempre à disposição, a tevê acabou por se transformar em referência da própria estruturação familiar; sem nada exigir em troca, passou a alimentar a sede de informação e entretenimento de grande parte da população.

Muitos de nós presenciamos o incrível avanço comunicativo e tecnológico que sua chegada representou, o rápido desenvolvimento dos meios técnicos de produção, circulação e consumo de seus produtos. E todos fomos iniciados nos princípios gerais de uma espécie de *gramática* que rege a produção e a comunicação televisuais.

Nesse percurso de popularização da televisão, mesmo quem não curte o muito de apreciável que ela tem a oferecer, não pode ignorar, em que pese os inúmeros preconceitos contra ela existentes, uma evidência que, ao longo dos anos, se impôs: sua relevância em países de Terceiro Mundo, como o Brasil, para quem ela representa, ainda hoje, uma das únicas possibilidades de informação, entretenimento e educação.

Por isso, se conseguíssemos vencer o pejo e admitir que assistimos, com gosto, à televisão, caberia, então, se nos desagradou, reagirmos às suas provocações e formas de configuração do mundo, exigindo melhorias na qualidade da programação que não nos fartamos de criticar. Se, entre nós, ela ocupa um papel de tanto destaque, precisamos, então, de uma televisão que, revisando, reestruturando ou renovando a programação, tanto no que concerne à linguagem quanto ao próprio conteúdo dos programas, corresponda às necessidades de seu público.

3.1 Do contexto de existência e atuação da televisão brasileira

Tanta diversidade! Televisão pública? Televisão privada? Televisão estatal? Redes ou emissoras? Filiadas ou afiliadas? Canais abertos ou por assinatura? São todas formas distintas de atuação do contexto midiático televisual que se alteram e alternam de um país a outro; são a manifestação de preferências em relação a diferentes gêneros, subgêneros, formatos, temáticas e tonalidades.

No contexto brasileiro, onde a televisão nasceu como empresa privada, concessão governamental, as redes e emissoras de televisão são, na maior parte das vezes, instituições privadas de caráter comercial; visam, naturalmente, à maximização dos lucros e à exclusão das diversidades em prol de uma essência totalitária: sua lógica é mercantilista, seus produtos, mercadoria.

As emissoras, canais abertos e mesmo os fechados, sustentam-se com a venda de espaços comerciais, cujo valor é proporcional à audiência por elas obtida com a veiculação de seus produtos em um determinado horário. E os produtos televisuais que a mídia televisão oferta ao mercado consumidor são os programas.

Tais questões passariam despercebidas, não fosse o fato de as emissoras se sustentarem com a venda de espaços comerciais, cujo valor é proporcional à audiência por ela obtida em um determinado horário: daí a importância de oferecer ao mercado televisual produtos qualificados, capazes de despertar o interesse e conquistar os telespectadores, contando, se possível, com a aprovação da crítica especializada.

Trata-se, reitera-se, de um **negócio**, uma indústria de narrativas, cuja produção se rege pelas leis do mercado, o que torna as emissoras reféns da apreciação popular; cada programa em exibição concorre com outros em um mercado extremamente disputado.

Ora, como o lucro está na mira, muitas das características incorporadas pela *gramática* do televisual são decorrentes dessa lógica econômica: não se deve esquecer que a própria qualidade dos produtos televisuais é consequência dessa lógica que visa a torná-los competitivos no mercado televisual, visto que toda a estruturação dessas empresas – redes e emissoras – depende do consumo de seus produtos, que se traduz pelos índices de audiência.

Assim, as empresas televisivas, redes e emissoras organizam-se como um mercado de narrativas; oferecem, ao consumo dos telespectadores, objetos semióticos complexos; mobilizam um conjunto de meios técnicos, funcionando como uma máquina discursiva, com infindáveis possibilidades de seleções, combinações, transposições e fusões.

Nesse contexto, as redes e emissoras de televisão, para corresponderem simultânea e harmonicamente às suas aspirações e necessidades, precisam, através de sua produção, projetar sua imagem e marca para, então, poderem interpelar os consumidores de seus produtos, os telespectadores.

Sim, porque as emissoras de televisão, tal como os indivíduos, se fazem sujeitos por um processo discursivo de ordem atributiva: trata-se da conferência e reiteração de um conjunto de traços que passam então a configurar sua imagem e identidade, deferenciando-as das demais. O principal, em todos os casos,

> [...] é o reconhecimento de uma diferença, qualquer que seja sua ordem. Só ela permite constituir como unidades discretas e significantes as grandezas consideradas e associar a elas, não menos diferencialmente, certos valores, por exemplo, de ordem existencial, tímica ou estética (Landowski, 2002. p. 2).

E a solução encontrada pelas emissoras de televisão foi, de um lado, distinguirem-se das demais por suas condições técnicas, por seu âmbito de atuação, pelo tipo de produto ofertado ao mercado, pelos traços do público prioritariamente visado, pelas formas de interpelação dos telespectadores, etc.; e, de outro, sujeitarem sua programação a um denominador comum: o simples fato de um produto televisual participar da grade de programação de uma emissora submete-o a uma operação de unificação das diferenças, capaz de permitir sua integração à programação e à pronta identificação de seu pertencimento.

Acontece que, no caso das filiadas e afiliadas, esse princípio de neutralização entra em conflito com as pretensões das emissoras regionais/locais, que, embora retransmitam grande parte da programação da cabeça de rede, produzem também seus próprios programas nos quais querem ver assinalada a sua identidade, o seu pertencimento.

E, se a identidade se funda no ser *o que os outros não são*, ela então só pode ser construída por oposição (Landowski, 2002. p. 25). Daí por que as filiadas e afiliadas se debatem entre a perseguição e a reiteração dos padrões de comportamento e de produção difundidos pela **cabeça de rede**, a serem, em princípio, por elas seguidos, e sua aspiração de distinção, de afirmação de sua própria imagem, marca e produção, ou seja, de estabelecimento de traços que lhes confiram identidade enquanto emissoras, bem como aos produtos que lançam no mercado.

> Na realidade, as diferenças pertinentes, aquelas sobre cuja base se cristalizam os verdadeiros sentimentos identitários, nunca são inteiramente traçadas por antecipação: elas só existem na medida em que os sujeitos as constroem e sob a forma que eles lhes dão (Landowski, 2002. p. 12).

Em síntese, o modo de funcionamento da televisão brasileira está, como não poderia deixar de ser, estreitamente ligado ao seu caráter empresarial, ao fato de seus programas gozarem do estatuto de mercadorias. Essa condição vem sendo determinante tanto na forma de organização de sua grade de programação, no processo e nas normas de fabricação dos programas, interferindo diretamente na estruturação de suas narrativas, *em-formando* os textos televisuais e distinguindo-os dos produtos audiovisuais veiculados pelas demais mídias, como na adoção dos posicionamentos políticos, ideológicos e culturais que, enquanto empresa, passa a defender.

3.2 Do modo de seleção dos programas

A estruturação das grades de programação das emissoras de televisão comerciais generalistas vem, ao longo do tempo, procurando adequar a oferta de produtos ao cotidiano de seu público-alvo – os telespectadores. São, assim, as características e o ritmo de vida de uma dada sociedade os responsáveis, em última instância, pela escolha dos programas a serem veiculados e pela definição de seus horários de exibição. Dessa forma, as grades das diferentes emissoras correspondem a tentativas de administração não só do gosto, mas da temporalidade complexa e forçosamente direcionada da parcela de público disponível em cada faixa horária.

Essa escolha cuidadosa do tipo de programa a ser ofertado em cada faixa horária leva em conta também a grade de programação das demais emissoras e os produtos por elas veiculados no mesmo horário, com vistas à comparação permanente dos índices de audiência, pois são tais índices que atribuem valor comercial à venda dos espaços intervalares e insertivos, responsáveis pelo lucro das empresas privadas de televisão.

Três instâncias têm voz ativa na seleção dos programas e na estruturação da grade de programação de uma emissora de televisão: **a empresarial**, que seleciona os programas, tendo em vista o lucro que, através de sua exibição, pode ser obtido, considerando a continuidade semântica entre programas e todo tipo de ações promocionais, estas últimas com interferência até mesmo no próprio conteúdo das narrativas; **a institucional**, que atua na compra ou produção/realização dos programas, tendo em vista as funções que a emissora atribui a si própria; e, por fim, **a da marca**, que envolve a seleção de programas alinhados com a imagem que a emissora visa projetar e/ou manter de si. Aliás, é nessa perspectiva, segundo Jost (2010, p. 91), que cada programa veiculado é parte constitutiva da imagem de uma emissora, e a imagem da emissora semantiza cada um dos programas exibidos. A escolha dos programas não é, assim, nada inocente: ocorre a partir da minuciosa seleção de conteúdos, da cuidadosa definição das faixas horárias adequadas à sua exibição e da consideração ao seu entorno – sucessão ou aproximação de determinados produtos na grade de programação.

Dessa forma, a seleção, a feitura e a distribuição dos produtos televisuais na grade de programação das emissoras estão integradas aos princípios que regem a produção das mercadorias em geral, de forma a torná-las capazes de despertar o interesse e conquistar os telespectadores, contando, se possível, com a qualidade necessária à aprovação da crítica especializada: trata-se de um negócio que depende da audiência, em um mercado extremamente disputado.

Em outros termos, existe, principalmente por parte dos canais generalistas, uma justificável e assumida preocupação com a adequação entre o tipo de programa ofertado em um dado horário e o cotidiano do telespectador, até porque a presença e a distribuição das peças publicitárias obedecem a esse mesmo critério, uma vez que os anunciantes, responsáveis pela manutenção e lucratividade das empresas privadas de televisão, estão sempre atentos aos horários em que os virtuais consumidores de seus produtos estão disponíveis. Daí por que é preciso construir, conquistar e fidelizar semanalmente uma audiência estável, com as mesmas características, que partilhe os mesmos gostos e preferências, para que a publicidade possa falar com um público específico e nele focar suas ações.

Assim, contrariamente ao que se possa pensar, a programação de uma emissora de televisão, em princípio, não tem como objetivo prioritário colocar, na grade, em cada faixa horária, um novo programa, de alta qualidade e originalidade, direcionado a todos os públicos, mas um programa que atinja a maioria do público disponível naquele horário e, importante, ao menor custo de realização possível. Tanto isso é verdade que as grades foram se tornando, ao longo dos anos, cada vez mais rígidas, talvez porque a fidelização do telespectador seja condição para que uma emissora possa se responsabilizar por um determinado público frente aos anunciantes: experiências e propostas novas são sempre um risco que deve ser cuidadosamente avaliado.

3.3 Da forma de estruturação da programação

A serialização, critério maior de distribuição, estruturação e fragmentação dos produtos televisuais, diz respeito a um tipo de organização, exterior ao programa, referente a esses princípios já estabelecidos de seleção, distribuição e combinação de programas na grade das emissoras, mas que, atenta às diferentes lógicas e demandas econômicas, culturais e sociais, considera: (a) as características do público disponível nos diferentes horários e dias da semana – sexo, faixa etária, nível cultural, condições intelectuais, etc. –, com especial atenção àqueles que são obrigados a ficar em casa – mulheres, crianças, idosos, aposentados, desempregados, etc. – e às suas atividades – escola, cursos, preparação de refeições, retorno para casa, etc.; (b) os gostos e preferências de cada uma dessas configurações de público-alvo e os subgêneros de programas que mais mobilizam sua audiência em cada horário; (c) as ofertas da concorrência no mesmo horário. Ainda que, atualmente, os hábitos de consumo estejam se alterando, uma vez que todos podem estar conectados à programação televisual, em diferentes momentos do dia, via internet ou celular, tudo indica que a televisão continue partindo dessa homogeneização da audiência por faixas horárias para organizar sua grade de programação.

Além desse minucioso estudo sobre a configuração do público disponível em cada faixa horária, a composição da grade exige um detalhado planejamento, pois a disposição serial dos produtos televisuais, ao selecionar e combinar programas, opera com dois eixos temporais: o **horizontal**, que dá conta do desenvolvimento sintagmático dos programas, na sequencialidade semanal de suas apresentações, incidindo sobre a programação enquanto periodicidade e reiteração; e o **vertical**, que responde à inserção da emissão de um dado programa no fluxo da grade diária de uma emissora, em horário definido, precedido e sucedido por outros produtos.

Quanto à **frequência de exibição**, as emissões de um produto televisual, dependendo do subgênero a que ele pertença, podem ser diárias, semanais, mensais ou, até mesmo, anuais[4].

No que concerne à **duração total de tempo** em que um programa permanece no ar, ela, de certa forma, está ligada ao subgênero a que ele pertence: alguns programas têm um tempo pré-determinado de exibição; existem outros tantos, não obstante, que vão ao ar durante anos, sendo sua permanência definida pela audiência ou pelo envelhecimento das personagens. Esse é o caso de telejornais, de programas de reportagens, de seriados, de alguns programas de auditório e/ou *talk shows*, etc. Há, ainda, os produtos exibidos por temporadas, novas edições, reapresentações, etc.

As emissoras esforçam-se por bem articular esses dois eixos, exibindo uma programação fixa, que respeita horários e dias da semana, adaptando seus programas aos interesses dos anunciantes. A programação noturna, que, em princípio, é extensiva a todos os públicos e a todas as idades, requer produtos mais elaborados, cujo custo deve se adequar ao número virtual de telespectadores disponível e aos rendimentos publicitários que, com sua exibição, podem ser auferidos.

A seriação prevê, dessa forma, que cada programa ocupe um determinado e reiterado espaço, de forma regular, na programação, ou seja, que tenha dias de apresentação semanal e/ou mensal, tempo de duração total de cada emissão e período de permanência na programação das emissoras pré-definidos.

---

[4] Esse é o caso do *Especial de Natal* do cantor Roberto Carlos que, há muitos anos, vai ao ar, às vésperas dessa festa.

Em síntese, pode-se dizer que todas essas pré-definições evidenciam que, embora a serialização seja uma forma de organização, em princípio, exterior aos programas, ela acaba por incidir fortemente sobre a estruturação interna dos produtos televisuais, pois, aliada à adoção de um subgênero, interfere diretamente na construção das diversas emissões que compõem um programa, determinando: (1) a frequência de exibição e, consequentemente, o período de tempo a ser destinado à sua realização; (2) o número aproximado de emissões que cada programa deve comportar, apresentadas como segmentos componentes do texto maior, representado pelo todo do próprio programa; (3) o tipo de relação sintagmática que esses fragmentos do programa contraem entre si – continuidade ou descontinuidade; (4) a decorrente forma de apresentação desses fragmentos – capítulos, episódios, apresentações, edições; (5) a consequente forma de estruturação narrativa desses fragmentos – autonomia ou dependência de sentido das emissões umas em relação às outras.

A adoção da lógica estrutural da serialidade, cabe enfatizar, é extensiva a toda a produção televisual – telejornais, programas de auditório, reportagens, entrevistas, *reality shows*, etc. –, não se restringindo apenas à ficcional: o plano de realidade (metarrealidade, suprarrealidade, pararrealidade)[5] com que opera preferencialmente um programa de televisão não interfere na sua seriação, pois a esse critério se submetem todos os produtos televisuais.

A sintagmática horizontal, comportando o conjunto de emissões constitutivas de um programa, pode, como antes

---

[5] As questões referentes aos diferentes planos de realidade discursiva com que operam os textos televisuais serão tratadas com maior detalhamento na seção 5.

já se referiu, considerando o subgênero a que ele pertence, manifestar-se: **sob a forma de capítulos**, ou seja, como fragmentos contínuos e dependentes entre si de uma narrativa maior que só se completa, enquanto *sentido*, com a exibição da última emissão do programa; **sob a forma de episódios**, ou seja, de narrativas completas, com início, meio e fim, que, embora preservem atores discursivos, cenários, contextos e/ou estrutura organizacional, são autônomas do ponto de vista do *sentido*; **sob a forma de edições**, ou seja, da apresentação de narrativas factuais autônomas ou dependentes, referentes a acontecimentos ocorridos no intervalo de tempo compreendido entre uma emissão e outra do programa, embora algumas delas possam ser retomadas, requentadas e/ou complementadas; **sob a forma de apresentações**, ou seja, de exibições de reportagens, jogos, espetáculos artísticos e/ou esportivos, etc., cuja articulação obedece a lógicas sequenciais diversas, sobre as quais a televisão não detém o controle, que vão daquelas que presidem os campeonatos esportivos a outros tipos de organizações temáticas.

A disposição serial, além da segmentação de cada programa em emissões, prevê a abertura de espaços intervalares entre as emissões dos diferentes programas a serem ocupados com a veiculação de peças promocionais de toda ordem.

Mais ainda, em função do lucro, a programação e os próprios programas são organizados com vistas a reservar espaços para todo tipo de mensagens promocionais de caráter comercial, social, autorreferencial, veiculadas tanto em espaços intervalares como sob a forma de inserções no interior dos produtos.

Dessa forma, levando em consideração os princípios da serialização e da segmentação em blocos, cada uma das emissões de um programa organiza sua narrativa utilizando-se, estrategicamente, dos tempos fortes, ou seja, fragmentando o relato em momentos em que a trama, construída com esse propósito, deve resolver impasses, deixando os telespectadores em suspense, à espera da próxima sequência, com vistas a impedir a troca de canal por medo de perder o desenrolar das tramas, ou, no caso dos telejornais, a notícia mais relevante do dia.

Por outro lado, o fato de a televisão funcionar ininterruptamente, isto é, ficar no ar 24h, todos os dias, semana após semana, e assim por diante, obriga as equipes de realização de seus programas a operarem em um ritmo bastante acelerado. Seu modo de atuação, dessa forma, está estreitamente ligado ao de seu funcionamento.

3.4 Dos comentários

O objetivo maior de todo produto televisual, como mercadoria que é, consiste em interpelar o telespectador, mantê-lo cativo. O telespectador fica, segundo Jost (2010), preso tanto pela promessa de que o que está por vir é melhor do que aquilo a que ele está assistindo, como pela curiosidade de conhecer os encaminhamentos, destaques e finais dos relatos.

Assim, se a programação sempre esteve em perfeita sintonia com os telespectadores, se tem sido organizada para eles – afinal, a televisão, reitera-se, é um negócio –, tudo leva a crer que as modificações ora em curso traduzam profundas transformações nas expectativas, nas configurações sociais e nos hábitos dos consumidores, bem como correspondam a alterações no gerenciamento dos interesses das empresas televisuais.

4 Produção: o texto televisual

Os produtos que a mídia televisão oferta ao mercado consumidor podem ser considerados, na perspectiva da Semiótica discursiva, como **textos**, manifestação direta de um amplo processo de produção de significação e sentidos, o discurso. E, como textos-mensagem que são, intentam persuadir seus enunciatários, os telespectadores, a ingressar no jogo comunicativo que lhes está sendo proposto.

Como se vem enfatizando, o texto, objeto de estudo por excelência da Semiótica, independentemente das linguagens em que se manifeste, é concebido por Hjelmslev (2013, p. 3) como "um todo que se basta a si mesmo, uma estrutura *sui generis*". Segundo o mestre dinamarquês, ele é fruto da relação de interdependência contraída entre seus dois planos ou funtivos, expressão e conteúdo. Esses dois termos, indissociáveis, são responsáveis pela significação dos textos: expressão e conteúdo só existem porque um precisa necessariamente do outro para ganhar existência.

Conceber, assim, um programa como um texto é considerá-lo um todo de sentido, que, para além de suas *relações internas* de interdependência entre expressão e conteúdo, forma e substância, contrai também relações de caráter *intertextual* com outros textos, e de caráter *contextual*, em direção ao seu entorno.

Os textos televisuais são, na maioria das vezes, longos, com a dimensão da totalidade de um dado programa, então fragmentado em emissões; textos que se constroem de forma intersemiótica, utilizando-se de diversas linguagens em interação; textos que, para além de extensos, são extremamente complexos, pois não só articulam diferentes linguagens sonoras e visuais, como seus meios técnicos de produção, captação, circulação e consumo funcionam como linguagens que sobredeterminam as demais.

Assim, de um lado, há as linguagens visuais e com elas a plástica da imagem – expressão corporal e facial dos atores, estilos de cenário, figurino, maquiagem, iluminação, modos de interpretação; de outro, as linguagens sonoras, a verbal, a musical e outras formas de sonoridade, tais como ruídos, entonação de voz, sonoplastia, etc.; e, finalmente, a forma de captura de imagens e sons, os enquadramentos, os cortes, as montagens e as mixagens decorrentes do processo de edição.

Sim, porque a operação com essas tantas linguagens sonoras e visuais se dá por meio da articulação de diferentes dispositivos técnicos/tecnológicos de produção, pós-produção, circulação e consumo dos produtos televisuais, o que acaba por interferir, direta e/ou indiretamente, no processo de realização dos textos televisuais, na medida em que cada um desses dispositivos impõe suas regras e é operado por distintos sujeitos enunciadores/realizadores.

Esse processo, inerente ao fazer televisual, caracteriza os textos televisuais como multimodais ou sincréticos, pois que frutos dessa múltipla convocação e superposição de linguagens implicadas na constituição de um todo significante (Greimas; Courtès, 2013).

Mais ainda, a configuração dos textos televisuais exige uma cuidadosa adequação e articulação das estratégias discursivas e mecanismos expressivos selecionados, em decorrência de serem apropriados ao modo de funcionamento da televisão, tais como formas específicas de cortes, planos, justaposição de cenas em movimento, montagem, edição. E o meio dispõe de todo um arsenal de procedimentos para tentar impor ao receptor sua interpretação dos acontecimentos representados.

Do ponto de vista de seu conteúdo, os textos televisuais abordam temas bastante variados, mas que não fogem às oposições mais comuns entre categorias semânticas fundamentais, do tipo *vida vs. morte; alegria vs. tristeza; amor vs. ódio; vitória vs. derrota; saúde vs. doença; coragem vs. covardia; conhecimento vs. ignorância; misticismo vs. ciência; verdade vs. mentira; honestidade vs. corrupção; inércia vs. ação*, entre tantas outras. Assim, o que os distinguem de outras produções midiáticas não é o fato de convocarem diferentes linguagens, sobredeterminadas pelos meios técnicos para sua expressão, tampouco os temas que abordam, mas, sim, seu processo de discursivização, isto é, a forma como os diferentes dispositivos discursivos e expressivos se atualizam no texto televisual.

Cabe mais uma vez reiterar a esse respeito, na esteira de Greimas, que o processo de discursivização pressupõe a existência de dispositivos discursivos de ordem semântica – tematização e figurativização; e de ordem sintática – actorialização, espacialização e temporalização. Já o *dispositivo de tonalização*, tal como é aqui concebido, perpassa essas duas ordens.

Cada um desses dispositivos pode manifestar-se sob diferentes formas. Assim, a escolha de uma, dentre as suas virtuais possibilidades de manifestação, é uma deliberação estratégica da instância de produção/realização: dessa maneira, as estratégias discursivas atualizam as seleções realizadas pelos enunciadores dentre o rol de virtuais possibilidades oferecidas por cada um dos dispositivos discursivos.

A televisão, enquanto instância enunciadora/realizadora, preside e organiza todos esses elementos, então estruturados em função de seu *modo* particular de produzir e contar histórias que, como se vem destacando, respeita as lógicas e interesses, possibilidades e restrições do meio, a partir do que define as estratégias discursivas e os mecanismos expressivos a serem empregados em seus relatos, tendo em vista, não se pode esquecer, que seu intuito maior é persuadir seus enunciatários, os telespectadores, a ingressarem no jogo comunicativo que lhes está sendo proposto.

4.1 Das repercussões do modo de funcionamento na estruturação dos textos televisuais

A rapidez e eficiência com que o processo de produção televisual é realizado só se tornam possíveis porque sua feitura se submete a rígidos protocolos de fabricação, uma espécie de *gramática* do meio, estreitamente ligada ao modo e princípios gerais de funcionamento e atuação das emissoras de televisão que, em síntese, impõem, vale lembrar:

(1) **a adoção de uma grade fixa de programação** que, obedecendo ao princípio da serialização, preveja a forma de inserção de cada programa e defina previamente um horário fixo para a exibição de suas emissões;

(2) **a consequente adequação do programa selecionado à faixa horária prevista para sua exibição e ao público-alvo a que se destina**, o que exige cuidadosas seleção e forma de tratamento dos conteúdos;

(3) **a fragmentação de cada programa em emissões e a reserva de espaços intervalares entre elas** para a veiculação de peças e ações promocionais de toda ordem;

(4) **a fragmentação das emissões de cada programa em blocos para a abertura de outros tantos espaços intervalares** com vistas à veiculação de ações promocionais de toda ordem;

(5) **a organização interna das narrativas, considerando essa dupla necessidade de fragmentação – emissões e blocos –**, o que obriga esses produtos a uma permanente recuperação dos relatos e à consequente instituição de inúmeros picos conteudísticos e/ou dramáticos, com vistas a manter o telespectador cativo;

(6) **a adequação do rumo das narrativas às inserções de diversos tipos de *merchandisings*,** ou seja, à inclusão de ações promocionais de caráter publicitário, social, pessoal, autopromocional no interior das emissões dos programas;

(7) **a presença de indicações nas emissões de cada programa que possibilitem ao telespectador a rápida identificação do subgênero** a que ele pertence, para que, como consumidor, possa, de pronto, dotar de sentido o produto que lhe está sendo ofertado e com ele interagir.

4.2 Da intertextualidade

A significação e os sentidos de um texto não se esgotam internamente, pois os textos se articulam com outros textos sob duas ordens: a **paradigmática** (ou...ou), referente às relações que um texto contrai com um conjunto virtual de textos pelos quais ele poderia ser substituído e com os quais mantém ligações de semelhança e/ou dessemelhança; a **sintagmática** (e...e), concernente às relações que um texto contrai com outros textos que o precedem e/ou sucedem na cadeia sintagmática.

Nessa perspectiva, as relações intertextuais de caráter paradigmático, tal como são propostas por Hjelmslev (2013), na esteira de Saussure (1916), dão conta da articulação de um texto com **seu modelo genérico virtual** – semelhanças e dessemelhanças. Esta, aliás, é uma das características mais marcantes da produção televisual, pois, devido à ostensiva repetição de modelos que orienta a realização dos programas e às funções que a televisão se propõe a desempenhar, os textos televisuais podem ser reunidos, considerando uma série de categorias que assinalam seu pertencimento, sob a chancela de uns poucos gêneros televisuais, distinguindo-se entre si pelo subgênero e formato que adotam.

Cabe destacar ainda que os textos televisuais, embora abordem as mais diversas temáticas, ao estruturarem suas narrativas, procuram manter uma proximidade com os mundos que lhes servem de referência ou fonte de inspiração. Ao converter esses mundos em narrativas, a televisão não só pauta o que é real, como os reduz ao discurso. Assim, em primeiro lugar, tem-se que ter consciência de que as realidades que a televisão propõe ao telespectador têm um caráter inequivocadamente discursivo; de que as parcelas de real que oferece não correspondem a seleções arbitrárias; mais ainda, de que é o que fica enquadrado, resultado do movimento das câmeras, do trabalho de edição e sonoplastia, que determina o que e como esses fragmentos de real vão ser exibidos.

A ordem sintagmática diz respeito ao diálogo que um texto televisual estabelece com outros textos que o precedem, os quais ele, de alguma forma, recupera, quer por transposição temática, quer por reiteração, quer por apropriação de fragmentos, quer como resposta ou contraposição de ideias. Ou ainda com aqueles que o sucedem e que aceitam suas provocações, entrando no jogo, *re*-agindo, etc.

4.3 Da contextualidade

A consideração do texto como uma rede de funções semióticas, isto é, como uma estrutura ilimitada, implica, como bem ensina Hjelmslev, que sua significação esteja estreitamente ligada ao seu entorno, ou seja, articulada com o espaço que ocupa em um dado *com*-texto.

> Considerado isoladamente, texto algum tem significação. Toda a significação nasce de um contexto, quer entendamos por isso um contexto de situação ou um contexto explícito, o que vem a dar no mesmo; com efeito, num texto ilimitado ou produtivo (uma língua viva, por exemplo), um contexto situacional pode sempre se tornar explícito (Hjelmslev, 2013, p.50).

E um dos aspectos mais determinantes desse contexto, no caso dos textos televisuais, está relacionado ao fato de que os programas se configuram como textos-mercadoria, isto é, como produtos que a mídia televisão oferta ao mercado televisual e que lhe garantem sustentação e sobrevivência. Assim, para além de seu modo de fabricação, eles são a materialização de um processo comunicativo e discursivo direcionado, ou seja, com propósitos bem definidos.

Em decorrência dessas múltiplas relações, os textos televisuais, como, aliás, todos os demais, vão muito além de si mesmos, ultrapassam seus limites formais, demonstram e apontam uma suplementaridade, sendo sempre algo mais do que aquilo que está meramente enquadrado em suas fronteiras restritas. São, entretanto, esses limites que indicam suas novas margens, circunscrições.

4.4 Da *gramática* do televisual

Os textos televisuais, em que pese os traços comuns, distinguem-se dos demais por uma série de características que lhes são próprias, a começar por seu enquadramento formal, pois, reitera-se, independentemente da ordem lógica, emocional ou moral que encerram, estão articulados em um universo próprio, industrialmente construído, mundo-mercadoria, visto que as emissoras oferecem, como qualquer outra empresa comercial, seus produtos ao mercado.

Ora, é considerando todos esses aspectos que se reafirma a existência de uma espécie de *gramática* própria do televisual, sustentada por normas definidas tanto pela forma de atuação da televisão como pelo modo de realização de seus produtos – os programas televisuais.

É importante destacar que por gramática compreende-se "a descrição dos modos de existência e de funcionamento de uma língua natural ou, eventual e mais amplamente, de qualquer semiótica" (Greimas; Courtès, 2013).

Mas trata-se de uma *gramática* em permanente transformação, pois as lógicas e interesses que presidem sua produção por vezes se modificam, e são muitos os avanços tecnológicos que interferem na realização dos textos televisuais. Atualmente, por exemplo, muitas das alterações em curso se devem à decisão estratégica das empresas de televisão brasileiras de ocuparem parte do espaço interno dos programas para responder a questões de seu interesse econômico, social, cultural e, mesmo, político.

Tais alterações vêm interferindo de maneira significativa na realização dos produtos televisuais, provocando, por vezes, um estilhaçamento da estrutura narrativa que perde o foco centralizador, tornando-se confusa devido às diferentes histórias relatadas que se sobrepõem e se entrecruzam ao sabor dos interesses e metas da emissora: (1) há uma hibridação em diferentes direções – internamente, pelo embaralhamento de gêneros, subgêneros e formatos de programas televisuais e, externamente, devido às contribuições das novas tecnologias e às consequentes apropriações de mecanismos expressivos advindos das *gramáticas* de outras mídias; (2) há uma complexificação da estrutura narrativa devido ao aproveitamento do espaço interno dos produtos para a obtenção de lucros extras, quer de caráter econômico, quer de caráter simbólico, advindos da inserção de *merchandisings* de todo tipo, publicitários, sociais, autopromocionais; (3) há uma exclusão de temas centrais em prol desse pluralismo e multiplicidade; (4) há um excesso de fragmentação, decorrente da necessidade de reservar espaços às publicidades, ao *marketing* social, às chamadas e vinhetas da emissora; (5) há um arrombamento dos limites dessas narrativas, devido à possibilidade mais efetiva de interação com os telespectadores/usuários, à indistinção entre a publicidade e o texto do programa; (6) há a recorrência a diferentes processos de transmidiação, fruto das condições mais efetivas de convergência da televisão com outras mídias do ponto de vista da produção, circulação, consumo e interação desses textos com o telespectador; (7) há uma intensificação do princípio da obra aberta, ou seja, um permanente ajustamento das narrativas ao gosto do freguês, pois as novas tecnologias possibilitam uma aferição mais precisa das expectativas e apreciação dos telespectadores; (8) há a pretensão de que esses textos sejam consumidos em diferentes plataformas, o que acarreta restrições e interferências na sua forma de realização.

4.5 Entre reiterações e revestimentos

O fato de os textos televisuais serem concebidos como mercadoria determina que sua realização seja pautada pela velocidade, agilidade, pressa. Como consequência direta desse processo, a feitura dos produtos televisuais acaba por ser presidida pela lógica da repetição levada à exaustão.

Assim, ao aliarem à velocidade com que vêm ocorrendo as transformações tecnológicas aquela imposta pela instância de produção, recorrem descaradamente à estratégia da repetição, réplicas como estandardizações ou continuidades. E essa repetição diz respeito não só às formas de estruturação de suas narrativas que se submetem ao modo de funcionamento da televisão, mas também ao emprego dos mesmos subgêneros e formatos para sua manifestação, à convocação das mesmas estratégias discursivas para capturar e manter a atenção dos telespectadores. É que nunca lhes foi permitido tempo para grandes ensaios ou experimentações e, menos ainda, espaço para grandes equívocos: o que não agrada, sai imediatamente do ar.

E essa necessidade de simplificação do processo produtivo é responsável, assim, não apenas pela opção pela serialização, mas também pela adoção de sistemas binários na concepção das personagens; pelo emprego de estratégias que permitam a construção de relatos com rapidez; enfim, pela repetição, que vem marcando a história da televisão e, ainda hoje, é uma constante. Com pitadas de improviso, as emissoras de televisão seguem tecendo essas repetições com variações, pois o fato de estarem sempre no ar as obriga a adotarem grades de programação periódicas: séries, seriados, telenovelas, telejornais, com apresentações diárias, semanais, por temporadas, etc.

Da mesma forma, há também a reiteração permanente de algumas estratégias, presentes praticamente na totalidade dos produtos que a televisão disponibiliza ao mercado: trata-se de um processo de produção que opta por se estruturar a partir da reiteração dos procedimentos que *emplacaram* e que, hoje, constituem um fundo de conhecimento comum, partilhado pelas instâncias de produção e recepção.

Em decorrência desse modo particular de funcionamento da televisão, bem como devido à rapidez e aos rígidos protocolos de fabricação que presidem a feitura dos produtos televisuais, seu processo de realização opta pela adoção de estruturas que barateiem seus custos e permitam uma produção ininterrupta.

Em síntese, a obediência a esses princípios e normas de estruturação implica, *per se*, que os textos televisuais adotem uma *estética replicante* (Calabrese, 1995, p. 41), replicação essa que ocorre em diferentes âmbitos e direções, traduzindo-se:

>(a) pela operação com uns poucos subgêneros televisuais;
>(b) pela adoção de matrizes narrativas e formatos bastante semelhantes;
>(c) pelo privilégio aos mesmos temas e oposições temáticas muito próximas e pela utilização de estratégias discursivas e expressivas bastante semelhantes, se não idênticas;

(d) pela adoção de configurações actoriais bastante próximas, constituindo-se como variações sobre os mesmos modelos actanciais – os que entraram em empatia com os telespectadores;
(e) pela permanência no ar, durante meses ou anos a fio, dos mesmos atores discursivos – apresentadores, âncoras, mediadores;
(f) pela recorrência sistemática a reapresentações dos programas, *remakes* e outros tipos de apropriações do que já foi exibido, facilitadas pela possibilidade de rodízio entre os diferentes canais abertos e/ou pagos de uma mesma rede de televisão;
(g) pelo emprego ostensivo da metadiscursividade e da autorreferencialidade;
(h) pela repetição, enfim, com pequenas variações, de fórmulas que deram certo.

Há, entretanto, na direção contrária, a necessidade permanente de revestir esses produtos de base replicante com novas roupagens, o que, convenha-se, requer *engenho e arte*. Dessa forma, instaura-se uma permanente dialética entre *repetição* e *inovação*, entre *identidade* e *diferença*, que pode assumir distintas facetas, exigindo a adoção de procedimentos discursivos e/ou expressivos de caráter estratégico operando em diferentes âmbitos, dentre os quais se destacam o *tom*, a convergência com outras mídias, a recorrência a uma superposição e profusão de telas, que passam então a compor a tela principal.

Assim, a televisão, ao mesmo tempo em que busca desesperadamente o novo, quando dele se apropria sofregamente, o faz de tal forma, disciplinando-o, domando-o, que o banaliza.

A produção televisual oscila, dessa maneira, entre a repetição/reiteração do que deu certo, isto é, obteve audiência, e a oferta de novas séries de produtos que se apresentem como *novidades*: lança mão de adaptações, referências e apropriações de outros discursos, mas o fundamental é que esses textos sejam revestidos com novas roupagens.

Dentre todas as transformações em curso, uma parece vir na contramão, cheirando a retrocesso — a tendência a reapresentações: se é verdade que a televisão, desde seu início, recorreu estrategicamente a adaptações, referências e apropriações de outros discursos, nos últimos tempos essa vocação ao aproveitamento vem-se exacerbando, talvez por falta de opção, talvez pela falsa ilusão de reedição de um sucesso de audiência. Assim, virou moda fazer *remakes* de novelas e de outros tipos de produções que foram sucesso há décadas. Mas, embora essas novas versões de programas antigos sejam uma oportunidade para as novas gerações conhecerem velhas histórias, é bastante difícil que esses *remakes* correspondam às suas expectativas, até porque esse processo de refazimento e atualização das narrativas é bastante complexo, não se resumindo ao mero revestimento desses produtos com novas roupagens.

A articulação entre essas duas tendências — reiteração e novidade — vem, dessa forma, provocando uma mais ampla hibridização dos produtos televisuais, que se manifesta em diferentes direções: **internamente**, pela ausência de limites precisos entre gêneros e/ou subgêneros; pela superposição de diferentes planos de realidade e a decorrente confusão entre real e ficção; pelo embaralhamento de gêneros, subgêneros e formatos de programas televisuais; e **externamente**, pela exacerbação no emprego de apropriações; pela densidade e sobrecarga de informações conferidas às imagens; pelo uso permanente da autopromoção e da autorreferenciação; pela fragmentação sistemática dos textos em blocos, capítulos, episódios ou edições, entre outras; pela agregação de contribuições advindas das novas tecnologias e a consequente apropriação de mecanismos expressivos provenientes de outras mídias.

Em síntese, todas essas alterações já em curso apontadas vêm conferindo maior densidade e peso aos textos dos programas, o que acarreta novas dificuldades à sua análise e exige, em nome da coerência e adequação, ajustes teórico-metodológicos mais complexos e elaborados, pois a densidade das imagens, a sobrecarga de informações, a intertextualidade feita de referências, alusões, apropriações, o desdobramento do tempo em uma série de presentes ou em sequências de duração desigual acabam, algumas vezes, por comprometer a própria noção de texto como um todo estruturado de sentido.

4.6 Do texto à textualidade

Todos esses princípios e normas que vão sendo impostos no decorrer do percurso de produção dos textos televisuais implicam que sua feitura ultrapasse os limites formais em direção a outros tipos de relações que vão muito além do próprio programa; que digam sempre mais do que aquilo que está enquadrado em suas fronteiras restritas, indicando novas margens, circunscrições.

O estilhaçamento, a ruptura dos limites entre o processo de produção e o produto, aponta para o deslocamento do conceito de texto para o de uma **textualidade** que contenha em si as chaves necessárias à interpretação do fenômeno televisual.

Para que a Semiótica tenha serventia à Comunicação, há, dessa forma, a necessidade de um alargamento da noção de texto que inclua nessa textualidade o processo que o engendra como um todo, articulando conjuntos ou sistemas de várias ordens, superpostos uns aos outros por meio de vários tipos de intertextualidades, de sucessões de fragmentos relacionados em pura processualidade, o que descartaria a necessidade de determinação de limites precisos entre o que é interior ou exterior ao texto, visto que dessa processualidade fariam parte instâncias de produção, realização, recepção e retorno, entornos e cenários de caráter tecnológico, social, cultural e ideológico.

Ora, concebendo a questão de maneira a se extinguirem tais limites, está-se frente a uma **textualidade** que dispõe dos elementos necessários à interpretação dos fenômenos textuais; que comporta as estruturas de significado que acompanham o texto, determinando-o e especificando-o, inscrevendo-o numa textura de conteúdo cujas categorias, porque não previamente definidas, a entenderiam como um conjunto a ser segmentado de acordo com as necessidades e os interesses do analista. Em cada caso, então, seriam propostas categorias, gradualmente identificáveis, que poderiam ser utilizadas para segmentar provisoriamente alguns fenômenos de sentido, as quais, graças à sua interdefinição, teriam condições de atingir uma certa eficácia interpretativa. Como qualquer fenômeno cultural pode ser concebido como texto; como, para cada texto, haveria então muitas textualidades, uma vez que nenhuma delas estaria pré-definida, dependendo do que se pretendesse analisar, seria possível convocar as categorias pertinentes àquela textualidade, à descrição daqueles elementos.

Esse processo de incorporação do suplementar provoca um apagamento de limites, levando os textos televisuais a transbordarem em direção a uma **textualidade** que não estabelece linhas claras de demarcação entre o que faz parte de sua intratextualidade, intertextualidade ou paratextualidade; comportando **para** e **intertextos** que os acompanham e deles fazem parte, complementando-os, precisando sua significação e sentidos, definindo a quem eles se dirigem, como querem e devem ser *lidos*.

O âmbito paratextual, da ordem da *com*-textualidade, é responsável pela configuração da situação e dos entornos comunicativos/enunciativos que podem ou não estar assinalados no texto; já o âmbito intertextual tem por tarefa o estabelecimento de conexões entre o texto do programa e outros com os quais estabelece relações.

Com isso se quer dizer que as normas da *gramática* do televisual estão em permanente transformação, não só devido às lógicas e interesses que presidem a produção televisual, como aos acelerados avanços tecnológicos.

Sim, porque os meios tecnológicos – computação, internet, web e celular – vêm-se desenvolvendo e complexificando a uma velocidade inimaginável, possibilitando, com isso, diferentes formas de convergência entre as distintas mídias e plataformas. E a televisão, frente a esse contexto acelerado de desenvolvimento, vem lutando bravamente para manter o controle sobre o meio e deter o comando sobre esse processo em curso.

Mas, curiosamente, embora os meios técnicos de produção, circulação e consumo dos textos televisuais estejam em permanente desenvolvimento, interferindo diretamente em sua realização, a grande verdade é que os modelos que presidem a estruturação dos textos televisuais vêm-se mantendo, vêm sendo, ao longo dos anos, resguardados, com algumas alterações e complementações.

Nessa perspectiva, como diferentes sujeitos participam do evento comunicativo televisual midiático, para além dos aspectos centrados no(s) enunciador(es), essa textualidade poderia convocar também elementos que lhe permitissem, quando fosse o caso, as percepções do enunciatário. Embora se discuta muito a função do receptor na comunicação midiática televisual e suas possibilidades interativas, não se pode esquecer de sua importância nesse processo que considera cuidadosamente seus interlocutores, não por delicadeza ou simpatia, mas porque eles são os seus consumidores – os compradores do seu negócio –, aqueles que lhe garantem o pão de cada dia.

5 Texto televisual: entre metadiscursividade e autorreflexividade

Nascida sob a metáfora de *janela para o mundo*, a televisão vem significando a possibilidade de participação em um tempo histórico; de acesso às mais diversas experiências de realidade, informação, comunicação; de ruptura com barreiras de tempo e espaço; de superação dos sentidos.

Acontece que o mundo exterior a que a televisão se propõe cobrir, dar a ver, é, muitas vezes, bastante incômodo e dispendioso. Sua imprevisibilidade a desconcerta por sua inadequação aos tempos condizentes com a produção televisual, aos altos custos que sua cobertura impõe.

Daí por que um dos fenômenos mais marcantes da produção televisual é, curiosamente, sua vocação para fazer de si mesma tema de seus programas, para falar muito mais de si própria do que dos acontecimentos do mundo exterior a que se propõe relatar: cada vez mais, os produtos televisuais se voltam para o interior do próprio meio, mergulhando em mundos paralelos, que se pautam por regras próprias sobre as quais a televisão detém o controle. Ora, esses mundos artificialmente construídos, além de cenário para muitos de seus produtos, são até mesmo geradores de acontecimentos que constituem o conteúdo de outros tantos programas.

E a televisão não se vexa. Atualmente, cada vez mais, substitui o real, mundo exterior e natural, ao qual se propõe a dar conta, por um mundo artificial, constituído no interior do próprio meio, fazendo de si própria **tema** e **objeto** de seus programas. Essa tendência que, aliás, não é nova, vem-se difundindo de forma vertiginosa sob diferentes modalidades discursivas, subgêneros televisuais, e com funções e objetivos distintos. Criativa, a televisão recorre a diferentes formas de autoconvocação – das mais sutis e sub-reptícias àquelas que escancaram ostensivamente sua autorreferencialidade, sob múltiplas modalidades e configurações. Basta acompanhar a programação de apenas um dia em qualquer canal brasileiro para que esse fenômeno se torne por demais evidente.

Em artigo bastante conhecido, *TV: a transparência perdida*, Umberto Eco, já em 1983, afirmava que uma das particularidades da televisão dos anos 80 era sua tendência a voltar-se muito mais para si própria do que para o real a que ela se dispunha a dar a conhecer.

> La caractéristique principale de la **neo-TV** c'est le fait qu'elle parle de moins en moins du monde extérieur. Elle parle d'elle même et du contact qu'elle est en train d'établir avec son public (Eco, 1985, p. 198) (o grifo é meu).

Ledo engano! Embora esse narcisismo televisual, assinalado por Eco como um dos traços distintivos da neotelevisão, não só tenha estado presente desde sempre, como hoje, quando todos apontam para uma pós-televisão, essa tendência permanece, mais do que nunca, em franca ascensão.

Segundo Baudrillard, esse fenômeno tem sua origem no fato de os meios de comunicação recorrerem permanentemente uns aos outros, só dialogando entre si: o *multimedium* tornou-se um *intermedium*. E essa situação se agrava quando o propósito da televisão é curvar-se de vez sobre si mesma, em um movimento telecêntrico.

> Esse telecentrismo se desdobra num juízo moral e político implícito implacável: subentende que as massas não têm essencialmente necessidades nem desejo de sentido ou de informação – querem apenas signos e imagens; o que a televisão lhes fornece em profusão (Baudrillard, 1997, p. 159).

E mais, trata-se de procedimento cujo emprego se vem atualizando sob diferentes e criativas modalidades e figuras de expressão e com funções estratégicas diversas. Em razão disso, cabe refletir sobre essas diferentes formas de autoconvocação de que a televisão lança mão – algumas subliminares, outras escrachadas em sua reflexividade. Valeria, assim, questionar não só **por que**, mas, e principalmente, **como** a televisão se faz tema de seu discurso; em que consiste esse discurso autorreferencial que ela produz sobre si mesma e de que formas ele se manifesta na produção televisual; limita-se a determinados tipos de emissão ou dissemina-se no interior e no conjunto da própria programação?

5.1 Das distinções conceptuais

A observação desse fenômeno, inegavelmente tão presente na produção televisual, possibilita não só distinguir as estratégias empregadas em sua construção, como melhor caracterizá-las. Acredita-se que elas correspondam a dois procedimentos discursivos utilizados, por vezes de forma isolada, outras, inter-relacionadas: a **metadiscursividade** e a **autorreflexividade**. É através do emprego articulado dessas duas macroestratégias que emerge o *sujeito tevê*, que, então credenciado, pode produzir discursos sobre si próprio e, assim, interpelar os telespectadores.

Hjelmslev foi o primeiro semioticista (1975, p. 121-130) a fazer menção à presença de semióticas cujo plano de conteúdo é uma semiótica, aquelas podendo constituir-se como inteira ou parcialmente idênticas a esta última. Tal tipo de fenômeno discursivo, quando manifesto em nível inter e intratextual, é o que se propõe denominar de **metadiscursividade**: todo metadiscurso se funda em um procedimento de referenciação da ordem da recursividade; é recorrente, isto é, volta-se para um outro discurso, pré-existente a ele, do qual ele fala, constituindo-se esse como condição de sua existência e razão de ser.

Essa recorrência, aliás, evidencia que qualquer metadiscurso, **ao transpor sentidos de conteúdo**, atualiza relações intertextuais de caráter sintagmático que se pautam por certas condições de precedência temporal. Inúmeros programas televisuais têm um caráter essencialmente metadiscursivo: seu conteúdo fala de outros produtos da emissora[6].

Nessa direção, é necessário, antes de tudo, considerar que os produtos televisuais, como quaisquer outros textos, ao mesmo tempo em que representam ou constroem realidades discursivas a serem por eles exibidas, refletem a si próprios:

---

[6] Esse é o caso de *Videoshow, Caldeirão do Huck, Fantástico, Estrelas, Domingão do Faustão*, para ficar só na Rede Globo.

sua mera enunciação altera o que é representado pelo fato mesmo de representá-lo; há sempre reflexividade da enunciação sobre o enunciado – ninguém fala de nada sem também falar de si.

Mas a autorreflexividade a que aqui se faz menção é um procedimento assumido de autorreferenciação da ordem da incidência. Implica a presença de um sujeito enunciador, no caso, uma emissora de televisão e/ou seus delegados, que faça de si próprio, deliberadamente, objeto do discurso por ele mesmo produzido. Tal como se entende, nem todo metadiscurso é simultânea e assumidamente autorreflexivo, isto é, autorreferenciador.

Essa articulação entre metadiscursividade e autorreflexividade é, não obstante, demasiado frequente em televisão.

Ora, os textos televisuais aos quais aqui mais especificamente se faz referência operam com a articulação, simultânea e sobreposta, dessas duas macroestratégias: seu conteúdo diz respeito aos processos comunicativo e produtivo da televisão ou então aos próprios produtos. Trata-se de programas, peças promocionais, chamadas no interior da programação e outros produtos de caráter marcadamente autorreflexivo, cujo conteúdo fala de outros produtos, da própria história do meio e/ou da emissora de televisão; do tipo de processo comunicativo que ela instaura; das tecnologias por ela utilizadas na produção, circulação e consumo dos produtos que disponibiliza ao telespectador; de seus proprietários e dirigentes; dos atores que compõem o seu *casting*; das personagens de suas narrativas; dos programas em exibição[7].

---

[7] Existem programas cujo intento é exatamente esse, tais como *Cena aberta, Videoshow*, algumas edições do *Globo repórter*, entre outros; são exemplos típicos dessa

E essa fala ocorre, primeiramente, no interior dos próprios programas: os programas humorísticos são um bom exemplo dessa autorreflexividade; os telejornais são atravessados por comentários dos jornalistas sobre a difícil tarefa de produzir uma super-reportagem ou sobre os percalços a que foi submetida a equipe de produção para a obtenção de imagens referentes a uma dada notícia; os programas jornalísticos mais sérios incluem no seu interior avaliações de sua própria audiência, olhando para si mesmos no espelho das escolhas de seu público telespectador; os apresentadores de programas dedicados ao entretenimento não hesitam em tecer comentários sobre os bastidores, elogiar funcionários e colaboradores e tampouco se furtam a mencionar tropeços estruturais, ou o que está ocorrendo por trás das câmeras; os artistas convidados sempre se referem ao *backstage* da transmissão; os proprietários de emissoras, por vezes, interrompem tomadas e exibem seu poder no vídeo.

Naturalmente, o espaço de publicização desses discursos é, em primeiro lugar, a própria programação: as emissoras falam de si através de sua programação e de seus produtos. Mas hoje, sob o comando de uma emissora de televisão, ocorrem também inúmeros outros processos de inter e transmediação, que passam pela recorrência aos diferentes canais de televisão pertencentes a um dado conglomerado midiático, ou ainda pela articulação entre as diferentes mídias e plataformas ligadas ao grupo, sendo responsáveis pela realimentação permanente do universo televisual.

---

autorreflexividade que não implica obrigatoriamente metadiscursividade.

A articulação entre metadiscursividade e autorreflexividade[8] tem como pré-condição que o discurso sobre o qual se debruça o metadiscurso contenha aspectos relativos à própria enunciação televisual e, em particular, aos sujeitos envolvidos nesse processo enunciativo.

5.2 Das emissoras como enunciadoras

As emissoras de televisão necessitam constituir-se como personalidades do mundo, como atores sociais, pois, como já foi destacado, somente um sujeito capaz de fazer de si próprio objeto de seu discurso pode interpelar outros sujeitos. No contexto televisual, esse processo de construção de si como enunciador discursivo se dá no entrelaçamento de muitas vozes e, mais, na recorrência a distintas estratégias discursivas.

O emprego articulado dessas duas macroestratégias – metadiscursividade e autorreflexividade – tem, assim, dentre suas diferentes funções, a de fazer emergir, no entrelaçamento de diversas vozes, muitas delas copresentes, o *sujeito tevê*, que, então, se traduz como a fala isolada ou articulada:

- da empresa, estabelecendo suas ligações com a realidade socioeconômica e jurídica;
- da instituição, apresentando seus pontos de vista acerca do espaço público e dos papéis e funções que se auto--atribui enquanto missão a cumprir – fundação ou participação em acontecimentos;

---

[8] É só pensar em um *Globo repórter* (apresentação: 10.10.2003) cuja temática era as telenovelas, envolvendo história, cidade cenográfica, atores envolvidos e fragmentos das próprias novelas que foram sucessos de audiência da emissora. Assim, à metadiscursividade podem-se acrescer operações de autorreflexividade (autorreferenciação) da televisão sobre ela própria.

- do *marketing*, promovendo os produtos, ou a competência e qualificação da emissora;
- da instância de produção/realização, interagindo e interpelando o telespectador a diferentes formas de participação;
- da instância de produção/realização, propondo *reais*, que então servem de referência para a construção das realidades discursivas ofertadas aos telespectadores pelos programas;
- da instância de produção/realização, propondo os pontos de vista (tonalização) a partir dos quais um produto televisual quer ser reconhecido e interagir com o telespectador.

5.3 Das funções e finalidades

Essas duas macroestratégias – metadiscursividade e autorreflexividade –, ao marcarem sua presença em inúmeros tipos de programas de forma, quer isolada, quer articulada; ao se transformarem em temas objeto de outros produtos da programação das emissoras, telejornais, variedades, humorísticos, e mesmo telenovelas, o fazem de maneira deliberada, com funções e finalidades previamente definidas.

Em primeiro lugar, é preciso que se diga, as funções dessas macroestratégias vão muito além da constituição do sujeito tevê. Cabe ter presente que o discurso da televisão sobre si nunca é inocente; ao contrário, é sempre estratégico, tem sempre um propósito.

Sim, porque os agenciamentos discursivos, próprios dessas duas macroestratégias, podem desempenhar diferentes funções, manifestar-se de formas diversas e apresentar-se sob dimensões variáveis: às vezes, consistem nos próprios produtos como um todo; outras, em meros fragmentos de produtos ou, ainda, em chamadas promocionais de programas, sob os mais diversos formatos insertivos. Mas, quando o fazem, têm sempre uma função precípua.

Assim, a constatação da presença desse fenômeno, que alia traços de recursividade e incidência, implica também a compreensão e interpretação de suas funções, bem como a identificação das formas de expressão mais frequentemente empregadas em sua conformação/manifestação.

Frente à indistinção recorrente entre o que acontece por trás e em frente às câmeras, entre a dramaturgia e o documentário, chega-se à conclusão de que toda essa *mise-en-scène* com vistas a gerar efeitos de improvisação é produzida intencionalmente: ao se apresentar não apenas como produto, mas como processo de produção, a televisão agrega traços de legitimidade e autenticidade com os quais se beneficia.

Ainda que nem todos se apercebam, a exibição dos bastidores é estratégica, tem uma função implícita: a de aproximação e interiorização de seu público, pois há certos laços afetivos que só se estabelecem quando se permite que os outros adentrem nossa cozinha.

Sarlo (1997, p. 90) acredita que uma das finalidades do discurso autorreflexivo televisual é aprofundar a familiaridade da televisão com o seu público, produzir efeitos de sentido de aproximação e intimidade entre a emissora e o telespectador. E não há dúvida de que a familiaridade da televisão com o telespectador e a proximidade imaginária que o público com ela estabelece são sustentadas, de certa maneira, pela articulação simultânea dessas duas estratégias, em suas diferentes formas de manifestação. Talvez por isso, recursos improvisados por alguns atores e apresentadores, em uma época em que a maioria se esforçava para ocultar as marcas do que se fazia por trás da telinha e apresentava os produtos como coisa feita, tenham hoje se transformado em figuras de estilo de produtividade indiscutível, sendo, de pronto, incorporadas pela *gramática* do televisual: é que, dentre as estratégias com que opera a televisão para falar de si própria, algumas alimentam o jogo de cumplicidades que as emissoras procuram estabelecer com seu público.

O âmbito de compreensão desse fenômeno passa, assim, tanto pela consideração das emissoras de televisão enquanto produtoras de certas mensagens ou efeitos de sentidos, como pela estruturação dos próprios produtos enquanto reciclagens ou apropriações de outros produtos e por suas transposições entre canais e distintas plataformas de um mesmo conglomerado midiático.

5.4 Sobre modalidades e configurações expressivas

As modalidades de manifestação dessas duas macroestratégias vêm variando no decorrer da história da televisão, podendo assumir formas explícita e ostensiva, ou ainda implícita e sutil.

Na primeira modalidade, enquadram-se todos aqueles produtos que assumem o seu caráter promocional e publicitário, tais como as chamadas de lançamento de programas, com suas *promessas* referentes aos atributos por eles ofertados; as chamadas que alertam para a sequência da programação, visibilizando diariamente fragmentos de edições de telejornais, de capítulos de telenovelas e séries, de episódios de seriados, etc.; ou ainda aquelas chamadas que interpelam diretamente o público à participação em programas. Também dessa modalidade tomam parte inserções no interior de outros programas

– telejornais, variedades, etc. –, com referências explícitas a índices de audiência, à aquisição de tecnologias de ponta, entre outras. Há ainda os programas humorísticos que operam com diferentes níveis de paródias sobre os demais produtos veiculados por uma emissora.

Mas, a par dessa modalidade ostensiva de manifestação do fenômeno, a televisão desenvolveu formas mais sofisticadas e sub-reptícias para falar de si própria. Quanto a essa segunda modalidade, suas configurações atualizam-se sob diferentes graus de sutileza, envolvendo estruturas dissipativas – tais como citações que atravessam a programação, mas cujo valor não é apenas promocional, apontando também para a maneira como as emissoras concebem sua própria identidade. Essa sutileza se manifesta seguidamente pela figura do convite a si própria para participar dos programas, representada pela inserção de atores, apresentadores, âncoras, diretores, escritores, roteiristas ou repórteres de uma emissora no interior de produtos, fazendo deles os acontecimentos que alimentam a própria programação, num balé alucinante, em que as mesmas cabeças se cruzam e retornam sem nunca sair da cena televisual. E, se há, por exemplo, *talk shows* que convocam tores da emissora a marcarem sua presença na tela, esse fenômeno se manifesta, por vezes, pela mera citação de fragmentos de imagens, de músicas-tema, de expressões verbais no interior de programas. A forma difusa de emprego dessas figuras passa, assim, por inserções no interior da programação, pela transformação da vida e dos feitos de atores televisivos em conteúdo de outros programas, entre outras tantas.

Em síntese, independentemente da dimensão, forma e modalidade privilegiadas para sua manifestação, a verdade é que essas estratégias, articuladas ou não, se fazem insistentemente presentes no discurso televisual, correspondendo a:

(a) vinhetas e chamadas da emissora para sua programação[9];

(b) retificações muitas vezes impostas pela justiça[10];

(c) programas cujo tema são outros produtos da emissora. Existe uma série de programas cuja temática e propósito central é *dizer* de outros produtos da emissora, dizer esse que muitas vezes se faz acompanhar por uma mídia expandida, representada pelos outros meios de comunicação de um dado conglomerado midiático – outros canais de televisão, aberta ou fechada, jornais, revistas, *sites*, etc. – que auxiliam no desempenho dessa tarefa;

(d) reapresentações ou mesmo *remakes* de programas antigos[11], novas versões e temporadas de programas inteiros ou de seus fragmentos ou quadros[12]. As constantes citações utilizadas em televisão interpelam permanentemente o conhecimento de telespectadores inveterados e, portanto, aptos a dotar de sentido as referências feitas. O canal Viva, do Grupo Globo de Comunicação, por exemplo, sustenta praticamente toda a sua programação com a utilização dessa estratégia. No outro extremo, estão as có-

---

[9] A esse respeito, lembram-se as chamadas da Rede Globo de Televisão na época do Carnaval e no início da programação oficial de cada ano.

[10] Esse é o caso da condenação da RGT de explicitar o nome do fotógrafo de uma imagem exibida no *Jornal Nacional*.

[11] Pense-se em *Carga pesada, Vale a pena ver de novo, A grande família, Zorra total*.

[12] Uma outra vertente dessas estratégias é a recuperação e reapresentação ou mesmo os *remakes* de programas antigos. Pense-se em *Vale a pena ver de novo, Carga pesada*, ou nas novas temporadas de *A grande família, Zorra total*. As constantes citações utilizadas em televisão interpelam constantemente o conhecimento de telespectadores habituados à televisão e, portanto, aptos a dotar de sentido as referências feitas.

pias, estratégia empregada por emissoras invejosas do sucesso de programas exibidos por canais concorrentes;

(e) programas humorísticos que se constituem como paródias de determinados produtos televisuais[13]. As paródias e citações, hoje empregadas como recurso fundamental do humorismo televisual, colocam em cena figuras, atores e narrativas que tomam como referência direta novelas, minisséries, telejornais e mesmo programas humorísticos de uma dada emissora naquele momento em destaque. Com tais procedimentos, a televisão recicla a si mesma, fazendo de seu próprio discurso o único horizonte-referência, inclusive quando opera com atores ou sentidos que não tiveram origem no meio;

(f) apresentação e circulação permanentes de atores pertencentes ao seu *casting* em programas da emissora e/ou mesmo na mídia expandida[14]. Inúmeros são os exemplos de emprego dessa figura de expressão;

(g) veiculação de fragmentos contendo hinos à modernidade tecnológica da emissora, difundidos no interior de programas, muitas vezes sob a forma de anúncios explícitos, feitos até mesmo em telejornais;

(h) visibilização das relações propostas ao telespectador, convocação à sua participação e explicitação das tarefas que lhe são concernentes. Essa configuração aparece comumente nas chamadas promocionais de programas, contendo promessas atrativas sobre a emissão a ser exibida;

---

[13] É o que fazia *Casseta & Planeta* ao colocar em cena, sob a forma de paródia, figuras, atores e narrativas fundadas em outras – novelas, minisséries – produzidas pela própria emissora em destaque e apresentação no momento.
[14] À guisa de ilustração, citam-se programas como *Videoshow, Fantástico, Domingão, Estrelas, Mais você, Programa do Jô*, que, ao longo do tempo, reservaram quadros para essa circulação dos contratados da RGT.

(i) visibilização dos bastidores – referências a momentos anteriores à transmissão, ao que está por detrás das câmeras, ao processo de produção, ao *em-se-fazendo* dos programas –, câmeras, microfones, computadores, equipe em funcionamento, tropeços, etc.[15];

(j) abertura de *sites* para os diferentes programas, através dos quais o enunciatário pode interagir com o meio, respondendo à necessidade de uma relação mais participativa do telespectador;

(k) confecção e venda de produtos paralelos aos programas – CDs com trilhas sonoras de telenovelas, DVDs com a edição de minisséries e seriados e mesmo a venda de peças de vestuário usadas por personagens de programas televisuais.

Essas distintas formas de manifestação das estratégias de metadiscursividade e autorreflexividade, hoje marcas da estética televisual, assinalam sua presença até mesmo nos programas gravados e editados.

Assim, a televisão se mostra e, ao mostrar-se, é sincera, está de mãos limpas. Mas não nos enganemos, ao exibir as lógicas – econômica, tecnológica, institucional – que presidem sua maneira de atuação, seu modo de produção ou a forma de

---

[15] A ideia é oferecer uma "boa história de ficção", mostrando ao mesmo tempo o seu trabalho de produção. A trama vai sendo revelada enquanto o telespectador acompanha o processo de adaptação da história à tevê, a seleção do elenco, a preparação dos atores, a escolha das locações, os ensaios, a caracterização dos personagens, os truques de filmagem, dublagens, etc. Essa configuração costuma aparecer no interior de programas, geralmente sob a forma de anúncios explícitos. Para além dessas funções mais evidentes, hoje a televisão utiliza-se dessas estratégias em suas diferentes modalidades também tendo em vista uma outra função: aquela relativa à constituição de um real paralelo que serve de referência às realidades discursivas com que vem operando. No interior desse real paralelo, os acontecimentos artificialmente produzidos são provocados e controlados pela própria mídia, muitas vezes através desses procedimentos.

estruturação de seu discurso; ao desvelar seus próprios dispositivos de realização e exibir seus bastidores; ao fazer circular seus atores; ao parodiar suas próprias narrativas, **ela se traduz enquanto omnipresença**: usa o meio em seu favor – econômica e produtivamente –, autopromovendo-se.

A criatividade, revelada através da utilização estratégica de tais artimanhas, do emprego articulado desses procedimentos, possibilita a recorrência a um pretenso realismo. Essa alusão permanente à maneira como a vida se passa nos bastidores, não obstante, apenas disfarça as providências discursivas por ela tomadas para que o mundo se torne atraente, fuja da sordidez e/ou banalidade do cotidiano.

# 6 Texto televisual: articulações genéricas

O fato de o pensamento humano recorrer aos signos para sua organização, de a cultura consistir em um emaranhado de sistemas simbólicos e de as linguagens serem elementos de mediação e expressão dessas representações desde sempre decretou a impossibilidade de os seres humanos acessarem diretamente o real. Mas, é preciso que se diga, existe um real para aquém e para além, apesar das linguagens e, hoje, das mídias. Aliás, nessa perspectiva, a televisão, como as demais mídias, apenas acrescenta novos e mais sofisticados empecilhos a esse acesso direto, recursos mais acurados que são nessa construção/representação de um real que só se dá a ver sob a forma de **realidades discursivas**.

A televisão sempre se destacou, antes de tudo, por sua força de constituição, por seu poder de geração de narrativas. A grande verdade é que ela, como instrumento prodigioso que é, vem, nesses setenta anos de existência, convertendo o mundo em realidades discursivas, imediatamente acessíveis ao cotidiano planetário; mas, ao fazer isso, não só pauta o que é real como o reduz ao discurso, construído na inter-relação de diferentes sistemas semióticos e midiáticos.

Assim, ainda que a maior potencialidade da televisão seja sua possibilidade de transmissão direta, em tempo real e simultâneo ao dos acontecimentos, está sempre presente, em qualquer um dos produtos, seu caráter de mediatização.

Afinal, os textos-programa não são o *real*. O mundo se nos apresenta por todos os sentidos; no texto televisual, somente algumas dessas propriedades são transpostas para a superfície artificial do vídeo. A alteração de cores, a mudança de dimensões, a ausência de odor e de temperatura constituem uma redução muito grande dos atributos do todo representado, pois, a rigor, somente os traços sonoros e visuais são captados, e tais traços, assim selecionados e transpostos, pouco dizem em relação à riqueza do real: são figuras, não objetos do mundo. Além disso, tem-se que ter consciência de que as parcelas de real que a tevê oferece não correspondem a seleções arbitrárias: é o que fica enquadrado, é o movimento das câmeras, é o trabalho de edição e sonoplastia que determinam *o que* e *como* esses fragmentos do real vão ser mostrados.

Está-se, assim, frente a uma construção de linguagem; não mais ao real, mas a uma *realidade discursiva*. Em que pese a frustração por tamanha redução, somente a aceitação do caráter inequivocamente discursivo do que é veiculado pela televisão possibilita o avanço em direção às questões polêmicas que dizem respeito aos distintos planos de realidade discursiva com que ela opera.

6.1 Sobre diferentes planos de realidade discursiva

A televisão lança mão das mais diversas fontes e referências na construção de suas narrativas, a partir das quais não apenas propõe realidades discursivas distintas, como as alimenta. Essas realidades televisuais são todas frutos de uma construção discursiva fragmentada, parcial, instituída a partir de múltiplas fontes e da proposição de diferentes regimes de crença: são concebidas de forma ordenada como uma sucessão de itens, de maneira a melhor satisfazer os interesses e curiosidades do telespectador. Uma dessas fontes é, sem dúvida, o mundo natural, sobre o qual muitos textos televisuais dão a saber, informam.

Mas o mundo exterior não é a única fonte a partir da qual a televisão propõe realidades discursivas e as alimenta. Os espaços internos ao meio também fomentam acontecimentos com reflexos no mundo exterior, funcionando como referência para a construção de outros tipos de realidades discursivas. E o meio vem desenvolvendo, durante todos esses anos de atuação no mercado de narrativas, seus próprios percursos de proposição e acesso a outros *mundos*, de constituição de outros *reais*, a partir dos quais constrói realidades de ordens diversas, às quais, por suas características distintas, aqui se propõe denominar **metarrealidade**, **suprarrealidade**, **pararrealidade** e **plurirrealidade**.

Metarrealidade é aquele tipo de realidade discursiva, veiculada pela televisão, que toma como referência direta o real, *mundo natural e exterior à mídia*, com o qual ela fica comprometida, constituindo aqueles produtos que se fundamentam em acontecimentos exteriores ao meio sobre os quais ela não detém o controle. Nesse tipo de realidade discursiva, o compromisso da televisão é com a **veridicção** – com a verdade e fidelidade aos acontecimentos narrados, com os atores sociais envolvidos. Ela assume um contrato comunicativo pautado até mesmo por legislação específica, que a obriga a buscar fontes confiáveis que avalizem o discurso produzido, a convocar testemunhas dos acontecimentos descritos de maneira a conferir credibilidade aos relatos apresentados, pois o regime de crença que propõe é o de verdade. E a crença do telespectador não quer dizer, evidentemente, adesão imediata e simplória. A gravação ao vivo, a transmissão direta, em tempo real, marcas distintivas da televisão, sempre funcionaram como garantia desse tipo de realidade, dotando-a dos efeitos de *autenticidade* e *verdade* de que carece.

Suprarrealidade é aquele tipo de realidade discursiva, veiculada pela televisão, que, embora tome como referência e inspiração o real, *mundo natural e exterior à mídia*, não tem compromisso direto com ele, mas com a coerência interna do discurso produzido, constituindo aqueles produtos que têm por base a **verossimilhança**, pautando-se por leis, convenções e regras próprias. Nesse tipo de realidade discursiva, a televisão propõe uma suspensão do regime de crença, isto é, das exigências de confronto com o mundo exterior. Seu propósito é, em princípio, o de construção de uma realidade que não se submeta à comparação direta com o real, mundo exterior, mas que com ele se assemelhe.

Pararrealidade é aquele tipo de realidade discursiva, veiculada pela televisão, que toma como referência direta um real, *mundo paralelo*, artificialmente construído no interior do próprio meio, cujas ações são cuidadosamente engendradas nas entranhas dessa mídia, constituindo aqueles produtos que têm por base acontecimentos provocados e controlados pela própria televisão, que, então, define suas regras de funcionamento e operação, comprometendo-se com sua visibilização plena. Trata-se de um real artificial, configurado muitas vezes como um jogo, para o qual a televisão transporta atores sociais, participantes, apresentadores e mesmo os próprios telespectadores, para, a seguir, transformá-los em atores discursivos de programas que giram em torno desse mundo paralelo.

Ora, esse mundo artificialmente construído pauta-se por regras, previamente estabelecidas, bastante diversas daquelas que regem o mundo exterior e natural, envolvendo ações permitidas e/ou proibidas, espaços disponibilizados e/ou vedados e tempo de duração pré-definido. Confinam-se, assim, atores sociais – os participantes e outros protagonistas –, isolando-os em um mundo-cenário, onde, por vezes, lhes é vedado até mesmo acompanhar os acontecimentos e a cronologia do mundo exterior[16]. Ocorre que o regime de crença que propõe – e aí residem suas incoerências e contradições – é também o de veridicção; mais do que isso, de equivalência entre esse real paralelo e sua visibilização. Passa-se do reflexo (metarrealidade) ou da simulação (suprarrealidade) à dissimulação. Como bem diz Baudrillard (1997):

> A passagem dos signos que dissimulam alguma coisa aos signos que dissimulam que não há nada marca a curva decisiva. Os primeiros referem-se a uma teologia da verdade e do segredo (de que faz ainda parte a ideologia). Os segundos inauguram a era dos simulacros e da simulação, onde já não existe Deus para reconhecer os seus, onde já não existe Juízo Final para separar o falso do verdadeiro, o real da sua ressurreição artificial, pois tudo já está de

---

[16] Alguns trechos de entrevista concedida à revista *Veja* (22/01/2003) pelo produtor holandês John de Mol, criador do *Big brother*, dentre outros *reality shows*, também exportados para o Brasil – *Fama, Acorrentados* e *Amor a bordo* –, esclarecem esses pontos muito bem. Como bem explica o bem-sucedido produtor, o programa inspirou-se no projeto científico americano Biosfera 2, no qual um grupo de pesquisadores foi isolado do mundo exterior em uma estufa por um longo período, como se estivesse em outro planeta. Segundo Mol, as regras e precauções que regem os *Big Brothers* são tão rígidas que não há espaços para agressividades e humilhações: em trinta segundos, qualquer participante pode ser defenestrado.

antemão morto e ressuscitado. [...] Produção desenfreada de real e de referencial, paralela e superior ao desenfreamento da produção material: assim surge a simulação na fase que nos interessa – uma estratégia de real, de neo-real e de hiper-real, que faz por todo o lado a dublagem de uma estratégia de dissuasão (Baudrillard, 1997, p. 28).

Observando-se com atenção os programas que se fundam na pararrealidade, tem-se a nítida impressão de que a televisão vem-se distanciando do mundo real, jogando-se de cabeça em um processo cuja circularidade pode ser definida como o *medium* pelo *medium*: nele, um mundo artificial e um roteiro falsificado substituem o universo. A relação que se instaura é de substituição e equivalência entre esse real paralelo e o discurso sobre ele. E a estratégia empregada para sustentar essa segunda natureza é a construção desse mundo inteiramente autorreferencial que ainda se dá ao luxo de importar fragmentos do real que lhe é exterior, como artifício eloquente para criar efeitos de verdade e naturalidade. O compromisso assumido é com a exibição plena, com a exposição, como se ver fosse compreender; como se mostrar substituísse o relato.

Plurirrealidade, por seu turno, é aquele tipo de realidade discursiva, veiculada pela televisão, que articula e, por vezes, embaralha deliberadamente os demais tipos de realidade antes descritos, tomando como referência alguns ou todos *os mundos* já referidos, constituindo aqueles produtos cujo intuito maior é o entretenimento ou desenvolvimento de ações promocionais dos mais variados tipos, mas cujo regime de crença proposto é também o da veridicção.

6.2 Dos gêneros, subgêneros e formatos

Os textos televisuais, como se vem afirmando, mantêm, mais do que outros, fortes relações de caráter paradigmático com outros textos, fundadas nos traços de semelhança e dessemelhança que os unem. E é aí que entram em cena as questões referentes ao pertencimento de gênero, que têm mobilizado os estudiosos, envolvendo inúmeras discussões sobre o estatuto e funções dessas categorias, discussões essas que ficam tão mais acaloradas quanto mais híbridos e complexos se tornam os produtos televisuais; tão mais relevantes quanto mais os programas se mundializam, perdendo seu caráter de produções localizadas.

Frente a esse tumultuado cenário, ganha interesse atualizar alguns aspectos relativos aos gêneros televisuais, bem como assinalar as concepções e posicionamentos aqui defendidos. Até porque a forma como se dá o consumo dos produtos televisuais por parte dos telespectadores, em meio à correria diária e aos afazeres domésticos, só acrescenta relevância ao seu enquadramento genérico. Sim, pois, como bem alertava Barthes já em 1964, os gêneros e subgêneros têm valor como guias de leitura e controle de sentidos, servindo como mediação entre as lógicas do sistema produtivo e seus usos/consumo: os telespectadores precisam de pronto identificar o tipo de produto que lhes está sendo ofertado, para poder dotá-lo de sentido.

As noções de gênero, subgênero e formato televisuais, ainda que tenham pouco a ver com a velha concepção literária de gênero como propriedade de um texto e, menos ainda, com a sua redução taxonômica, preveem o reconhecimento de algumas regularidades que, enquanto *promessa* (Jost, 1999), despertam o interesse do telespectador e, enquanto manifestação, fornecem indicações para sua leitura. Nessa perspectiva, os gêneros em televisão funcionam, antes de tudo, como estratégias de comunicabilidade e é como marcas dessa comunicabilidade que se fazem presentes e analisáveis no texto.

Nessa mesma direção, segundo Martín-Barbero (1997), os gêneros devem ser entendidos não como "algo que ocorre no texto, mas, sim, pelo texto, pois, mais do que uma questão de estruturação, são uma questão de competência. Um gênero é, antes de tudo, uma estratégia de comunicabilidade, de promoção e leitura".

Mas vale aqui a indagação: o que verdadeiramente pode servir de elemento configurador dos gêneros e subgêneros televisuais? Ora, a mera consideração à função que um texto-programa se propõe a exercer — educação, informação, entretenimento, (auto)promoção — não é, isoladamente, critério distintivo para a configuração de gêneros, subgêneros e formatos, visto que as características comuns a todos os produtos televisuais não os distinguem entre si; esse também é o caso dos recursos aportados pelo desenvolvimento tecnológico que podem ser imediatamente absorvidos por todos os tipos de textos televisuais instituídos.

É, nesse contexto, que entram em pauta as realidades discursivas, pois há, sem dúvida, uma estreita relação entre os distintos planos de realidade discursiva antes descritos e os gêneros televisuais.

Os gêneros são aqui concebidos como macroarticulações de categorias semânticas capazes de abrigar um conjunto amplo de produtos televisuais que partilham uns poucos traços/categorias comuns. Constituem — é o que aqui se defende —

modelizações virtuais, modelos de expectativa, configurando-se como uma primeira mediação entre produção e recepção: referem-se ao tipo de realidade que um produto televisual constrói, considerando o tipo de *mundo* que toma como referência e o regime de crença que propõe ao telespectador. Nessa perspectiva, a noção de gênero em televisão não passa de uma abstração; é da ordem da *virtualidade*, uma vez que nenhum produto manifesta apenas essas categorias genéricas enquanto tal, em sentido restrito, em sua extensão e exclusividade.

Os gêneros funcionam, em cada caso, como substância de uma forma que sobre eles se projeta, decorrente da articulação entre subgênero(s) e formato(s), e não têm outra existência possível além dessa, de ser uma substância *em-formada* por essa projeção. Dito de outro modo, os gêneros televisuais são categorias discursivas e culturais virtuais, que devem ser compreendidas como um feixe de traços de conteúdo da comunicação televisual que só se *atualiza* e *realiza* quando sobre elas se projeta uma forma de conteúdo e de expressão – representadas pela articulação entre subgêneros e formatos, estes, sim, procedimentos de construção discursiva que obedecem a uma série de regras de estruturação, envolvendo seleções e combinações em diferentes níveis.

Os traços/categorias semânticas que definem um **gênero televisual** dizem respeito: (a) à função principal que um produto televisual se propõe a exercer – informação, entretenimento, educação, (auto)promoção; (b) ao mundo que ele toma como referência – o real/natural e/ou o artificial/paralelo; (c) ao tipo de realidade discursiva que se dispõe a construir – metarrealidade, suprarrealidade, pararrealidade, plurirrealidade; e (d) à promessa que faz ao telespectador – veridicção, verossimilhança, hipervisibilização.

O conceito de gênero televisual está aliado, assim, à adoção desse conjunto de traços/categorias que dá conta de um certo tipo de relação do produto televisual com os possíveis *mundos-referência*, colocando à disposição do telespectador um determinado plano de realidade e modo de ser, mobilizadores de suas crenças e saberes, bem como de suas expectativas e prazeres.

A televisão opera, acredita-se, com quatro (arqui)gêneros que se distinguem entre si pelos traços categoriais antes propostos:

(a) **Gênero factual**, que, centrando sua atenção nas funções informativa e educativa, reúne um conjunto virtual de textos televisuais que tomam como referência o *mundo real*, exterior à mídia televisão, construindo, do ponto de vista discursivo, uma *metarrealidade*, comprometendo-se com a veridicção;

(b) **Gênero ficcional**, que, centrando sua atenção na função de entretenimento, reúne um conjunto virtual de textos televisuais, que, embora tomem como referência o *mundo real*, exterior à mídia televisão, constroem, a partir dele, do ponto de vista discursivo, uma *suprarrealidade*, cujo compromisso não é com o dizer verdadeiro, mas com a verossimilhança, com a coerência interna do discurso produzido;

(c) **Gênero simulacional**, que, centrando sua atenção na função de entretenimento, reúne um conjunto virtual de textos televisuais que tomam como referência um *mundo paralelo*, artificial, instituído no interior do próprio meio, a partir do qual constroem, do ponto de vista discursivo, uma *pararrealidade*, comprometendo-se com a equivalência entre hipervisibilização e veridicção;

(d) **Gênero (auto)promocional**[17], que, centrando sua atenção na função de divulgação, reúne um conjunto virtual de textos televisuais, que podem tomar como referência tanto o mundo real como o paralelo, muitas vezes embaralhando--os, construindo, a partir deles, do ponto de vista discursivo, uma *plurirrealidade* e comprometendo-se com a veridicção. Trata-se de um gênero que, embora se movimente entre os três tipos de realidades discursivas anteriormente descritos, propõe como regime de crença a veridicção. Dependendo do objeto da promoção, o gênero pode assumir um caráter autopromocional, adotando uma fala remissiva, na qual a televisão passa a girar em torno de si mesma, na sua própria órbita, e a falar à vontade de seu próprio modo de atuação e produção. Afinal, o próprio meio é o melhor canal de divulgação de uma emissora, até porque ela, diferentemente dos anunciantes externos, não precisa pagar pelas ações empreendidas e pelos espaços ocupados com sua autopromoção, com a qual, aliás, obtém lucro.

Como esses **(arqui)gêneros** são categorias discursivas e culturais virtuais, eles, como já se referiu, só se **atualizam** sob a forma de **subgêneros** e só se **realizam** via adoção de um determinado **formato**. Os **subgêneros** e **formatos** são, assim, os responsáveis pelos percursos de configuração dessas realidades discursivas, ou seja, pelos seus procedimentos de colocação em discurso, projetando, sobre essas categorias definidoras de seu pertencimento genérico, formas que as estruturaram, per-

---

[17] Vale aqui ressaltar que o **gênero promocional** tornou-se o objeto de estudo preferencial e foco das pesquisas realizadas pela Profa. Dra. Maria Lília Dias de Castro e por grande parte de seus orientandos, todos membros do Grupo de Pesquisa Comunicação Televisual (ComTV), do qual a referida professora é uma das coordenadoras.

mitindo sua manifestação e o reconhecimento por parte do telespectador.

O **subgênero** é, dessa forma, uma das possíveis *atualizações* de um gênero: ele está no limiar do discurso, isto é, pré-existe, enquanto estrutura geral, à realização efetiva de qualquer produto televisual, fazendo parte de um fundo de conhecimento comum que consiste no conjunto de regularidades e expectativas que o definem enquanto prática cultural e discursiva. O subgênero oferece ao texto televisual não só objetos de que ele pode falar como um feixe de relações que funcionam como pré-requisitos para que nele se possa ingressar enquanto prática discursiva e sociocultural.

Os subgêneros são, assim, bem mais numerosos e dizem muito mais em relação a um determinado produto televisual do que os gêneros, pois comportam uma quantidade maior de informações sobre o seu pertencimento, possibilitando que o telespectador identifique, de pronto, o tipo de texto que lhe está sendo ofertado, o plano de realidade discursiva com que está operando e a forma como com ele deve interagir. Daí por que qualquer telespectador distingue, tão logo liga a televisão, se está frente a um telejornal, uma telenovela ou um programa de auditório.

A condição de existência de um subgênero é definida, assim, pela adoção de um conjunto de regras de formação que está para além do plano de realidade e do regime de crença em que um texto se insira. Tais regras referem-se à escolha e privilégio a determinadas temáticas e à inscrição em um determinado domínio epistêmico e conceptual; fornecem possibilidades de estruturação narrativa dessas temáticas e disponibilizam modalidades de enunciá-las; dizem da definição e do estatuto de *quem diz* e *pode falar*, *daqueles a quem se dirige*, bem como dos procedimentos de intervenção e interação que podem ser empregados; oferecem um conjunto de estratégias discursivas e formas de expressão a serem ou não atualizadas pelo enunciador. Sob a chancela do subgênero, pode-se agrupar um número significativo de tipos de programas televisuais.

Assim, se o gênero é da ordem da **virtualidade,** o subgênero é da ordem da **atualização.** Mas, em contrapartida, se a noção de **subgênero** subsume uma pluralidade de programas, a de **formato** os diferencia entre si.

Em outras palavras, o **formato**, espaço de inovação e criatividade, é o processo pelo qual passa um produto televisual, desde sua concepção até sua realização. Trata-se do esquema que dá conta de sua estruturação, constituído pela indicação de uma sequência de atos que se organizam a partir de determinados conteúdos, com vistas à obtenção de uma representação de **caráter unitário** que o caracterize enquanto programa – cenários, lugares, linha temática, regras, protagonistas, modalidades de transmissão, finalidades e *tom*. O formato está ligado, por outro lado, a toda a organização comercial de uma emissora ou produtora de televisão, fato que deixa nele vestígios, semantizando e reciclando as demandas oriundas dos públicos: as estratégias de comercialização não são algo que se acrescente depois; ao contrário, elas deixam marcas na estrutura do formato.

Do ponto de vista do telespectador, tais configurações dos subgêneros em formatos começam a ganhar materialidade no momento em que as próprias emissoras, ao fazerem publicidade de seus produtos, *com*-prometem-se com uma série de atributos que neles devem estar contidos quando de sua oferta ao mercado televisual.

Um aspecto a discutir, pela sua relevância e interferência no que concerne à produção televisual, é a relação do *tom* com os subgêneros e formatos, pois a conferência de um *tom* ou de uma combinatória tonal à realidade a ser enunciada – *seriedade, humor, ironia,* entre outros –, é elemento definidor do formato adotado por um programa televisual, tema a ser discutido em seção posterior.

Os três subgêneros de programas com maior incidência na grade de programação das emissoras abertas de televisão brasileira são **as telenovelas, os telejornais** e **os programas de auditório**. Se as histórias que contam têm um caráter factual, ficcional, simulacional, pouco importa aos telespectadores que, frente às informações e/ou entretenimento ofertados, deixam aos especialistas a tarefa de definir seu estatuto e explicar sua empatia e aceitação por parte da audiência.

6.3 Dos subgêneros televisuais

6.3.1 Factuais

O gênero factual manifesta-se em televisão sob a forma de diferentes subgêneros. Dentre eles, os com maior incidência, que marcam sua presença de forma sistemática e permanente nas grades de programação das emissoras, são os telejornais, as entrevistas/*talk shows*, os documentários, as reportagens.

Mas, de todos os subgêneros pertencentes ao gênero factual, os **telejornais** são aqueles com maior presença e audiência garantida na programação televisual brasileira. Independentemente dos formatos adotados, eles têm como propósito central manter o telespectador informado/atualizado sobre fatos e acontecimentos, considerados pela mídia televisão como relevantes, ocorridos entre uma emissão e outra do programa. Seu texto toma, assim, como referência fatos/acontecimentos advindos do mundo exterior à televisão, que então sustentam a construção discursiva de uma **metarrealidade**. Embora contenham apenas índices desse real, suas narrativas assumem como compromisso a veridicção.

Exibidos tanto por emissoras generalistas (canais abertos) como temáticas (canais fechados – por assinatura), os telejornais adotam, de modo geral, uma forma de estruturação discursiva e expressiva bastante cristalizada e conhecida do telespectador, que, aliás, é objeto de um exame mais aprofundado na Parte 2 deste estudo, razão pela qual se optou aqui, com vistas a evitar cansativas repetições, por lá concentrar sua caracterização e detalhamento.

Um outro subgênero factual bastante frequente na programação são as entrevistas que podem ser inseridas no interior de programas ou constituir a totalidade do próprio programa: são os chamados **programas de entrevista**, que, do ponto de vista genérico, possuem uma finalidade em si mesma – a veiculação de informação. De modo geral, as entrevistas privilegiam o caráter jornalístico em detrimento do mero entretenimento. A estrutura adotada por esse subgênero propicia a interação entre os interlocutores, entrevistador e entrevistado, tendo por objetivo o relato, por parte do convidado, de suas experiências e a transmissão de conhecimentos ao telespectador acerca de um determinado tema que, aliás, é razão dos questionamentos feitos pelo entrevistador. Acontece que as informações veiculadas em programas de entrevista ultrapassam a esfera pública para assumirem o caráter de experiência intersubjetiva, visto que são também partilhadas com o telespectador.

Um dos formatos adotados pelo subgênero entrevista é aquele conhecido como **talk show**. Esse formato, híbrido, marca precisamente a passagem da mera entrevista ao *show*, ao espetáculo e, consequentemente, ao entretenimento. Nos *talk shows*, transitam o factual próprio do jornalismo, aprofundando informações, e um tipo de entretenimento mediado e sustentado pelo *tom* irônico, por vezes até mesmo sarcástico, do apresentador; pela imagem atribuída ao entrevistado; pela interlocução com a plateia; enfim, pelo embaralhamento entre informação e divertimento. Os *talk shows* são programas com presença garantida na grade de programação da televisão aberta e genérica, pois atraem um público bastante variado.

Um outro subgênero ligado ao gênero factual é o **documentário**. Os programas pertencentes a esse subgênero, embora comprometidos com o factual, são produções híbridas, caracterizando-se como captações parciais e subjetivas, marcadas pela indefinição de fronteiras entre a apresentação do real e a operação sobre ele. A esse respeito, lembra-se, aliás, que os limites entre ficção e documentário são sempre bastante tênues.

Ainda uma observação extensiva a todos os subgêneros de caráter factual: eles recorrem frequentemente à convocação do testemunho como estratégia de comprovação da veracidade de seus relatos, dotando-os, com isso, de efeitos de verdade, ainda que, muitas vezes, para melhor corroborarem suas narrativas e/ou argumentos, operem uma descontextualização de falas e imagens.

O **testemunho** é uma narrativa na qual o enunciador, a testemunha, desempenha um duplo papel, movimentando-se entre as instâncias enunciativa e enunciada. Do ponto de vista semiótico, o testemunho se traduz como uma construção discursiva, uma realidade de linguagem, que procura dar conta de um real *presenciado* e/ou *vivenciado*, do qual a testemunha é simultaneamente narrador e protagonista, pois é ela quem atualiza o passado no presente; quem fala de si no passado e no presente; quem sustenta e suporta o **real**, legitimando-o, certificando-o.

Assim, ao assumir a figura da **testemunha**, ou seja, daquele sujeito dotado de competência para **testemunhar**, pois presenciou ou participou dos acontecimentos relatados, torna-se protagonista de seu próprio discurso, o que impõe que o discurso produzido se movimente em, ao menos, dois tempos distintos: um passado referente aos acontecimentos relatados e um presente correspondente ao tempo de produção do relato, ou seja, do testemunho.

Trata-se de uma modalidade expressiva de caráter intersubjetivo que refere uma experiência cognitiva de corpo presente, atuando **em** e **sobre** vivências concretas: quando o estabelecimento da verdade sobre determinado fato depende precisamente das testemunhas, é porque, além delas, ninguém mais o presenciou ou vivenciou.

Mas, atenção!: o testemunho só ganha força e sentido porque se parte do pressuposto de que alguém é capaz de dizer uma verdade que não se impõe necessariamente como evidência autônoma; depende, assim, da confiança atribuída à capacidade cognitiva de uma pessoa, à sua condição pura e simples de relatar um acontecimento do qual participou ou ao qual meramente presenciou com os olhos, ouvidos, olfato, tato ou paladar. Como a relevância factual do testemunho pode ser desigual, devido à maior ou menor gravidade do fato testemunhado e da finalidade do testemunho, há, muitas vezes, a necessidade de cercar institucionalmente a questão da verdade com *garantias*.

Quando os testemunhos constituem a totalidade do próprio programa, como é o caso de algumas entrevistas, estabelecem-se jogos bastante complexos entre o narrador/testemunha e seu interlocutor, o entrevistador; entre o texto produzido e o público telespectador, com vistas ao preenchimento dos espaços vazios deixados nessa tentativa de resgate, ou, por vezes, até mesmo de ocultamento da história: trata-se de um contar a partir das margens, do que ainda não foi dito ou era sabido que, muitas vezes, entra em confronto com o conhecimento de domínio comum.

Para além do testemunho, as produções televisuais de caráter factual utilizam-se das potencialidades do meio, veiculando diferentes imagens para atribuir autenticidade aos seus relatos, para criar, com sua exibição, efeitos de veridicção. São esses efeitos que transformam o discurso factual em espetáculo: os acontecimentos não ficam mais por conta do passado, atualizam-se, tornam-se produtos da mídia que os fabricou para serem consumidos. E é exatamente essa configuração espetaculosa do acontecimento que permite à memória coletiva recuperá-lo e dele se apropriar.

Finalmente, é preciso lembrar que, semioticamente falando, a informação, representada em todos esses subgêneros factuais, é compreendida como um *fazer-saber*, oposto ao *fazer persuasivo-interpretativo*, que, na maioria das vezes, modaliza a informação televisual. Nessa perspectiva, a informação, tenha ela o caráter que tiver – conhecimento, atualidade, novidade, etc. –, pode se tornar tema de diferentes programas de caráter factual, embora muitas vezes não corresponda às suas finalidades.

6.3.2 Ficcionais

O gênero ficcional manifesta-se em televisão sob a forma de diferentes subgêneros, dentre os quais se destacam as telenovelas, as minisséries e os seriados, o que exige, de pronto, o estabelecimento das distinções e semelhanças entre eles.

No contexto brasileiro, a preferência do público sempre recaiu sobre o subgênero **telenovela**, que, há muitas décadas, vem sendo apreciada e assistida diariamente pela grande maioria da população, independentemente de classe social, idade e até mesmo sexo.

Devido a esse alto poder de fidelização da audiência, a produção de telenovelas vem mobilizando, ao longo dos anos, a atenção das emissoras nacionais de televisão aberta: os altos índices de audiência obtidos justificam os esforços empreendidos em sua realização, bem como os elevados custos despendidos, pois o retorno é garantido. Não se pode esquecer, além disso, que as telenovelas brasileiras vêm sendo, ao longo do tempo, vendidas e exibidas em diversos países.

As telenovelas, como qualquer outro subgênero ficcional, pautam-se pela coerência interna do seu discurso, posto que o regime de crença que propõem é a verossimilhança: não possuem compromisso com o real, mundo exterior, e, talvez em razão disso, dele se aproximam bastante.

Estruturadas por capítulos, as telenovelas comportam histórias com dezenas de personagens, agrupadas por núcleos que podem ser, de acordo com o enredo, familiares, profissionais, escolares, comunitários, etc. Cada capítulo, como fragmento do texto maior, intenta provocar um certo suspense no telespectador, fazendo com que a expectativa sobre o desenrolar da trama o torne cativo do programa. A exigência de uma excessiva fragmentação, inerente ao modo de funcionamento do televisual, impõe o emprego de estratégias que reiterem o já exibido, que criem miniclímax e suspenses ao final de cada capítulo ou intervalo comercial, de forma a manter os telespectadores cativos, dia após dia, até o final da apresentação de suas tramas.

Em princípio, as telenovelas podem sobrepor várias formas de ficção: são convocadas, nesse tipo de teledramaturgia, diferentes modalidades e tonalidades narrativas – pitadas de comédia, tragédia, romance, aventura, entre outras. Embora tenham duração pré-definida de aproximadamente oito meses, são textos abertos, só concluídos quando a telenovela finaliza.

Uma estratégia que, aos poucos, foi sendo agregada ao modo de estruturação das telenovelas foi a adoção do princípio da obra aberta, o que significa não se iniciarem os relatos com o encaminhamento das tramas total e previamente definido, deixando sempre espaço para alterações ou correções de percurso.

Como se trata de obras abertas, segmentadas em capítulos, apresentados diariamente por meses a fio, seu desenrolar vai sendo construído e ajustado na medida do gosto e das preferências dos telespectadores, manifestos pelos índices de audiência obtidos, ou através de pesquisas promovidas pelas próprias emissoras e realizadas via entrevistas presenciais, internet ou redes sociais.

Com enredos que possibilitem uma fácil compreensão, as telenovelas contam, assim, com uma trama que pode sofrer alterações em função da aceitação ou não de elementos de sua narrativa por parte dos telespectadores, modificando, quando necessário, seu tempo de duração, ao encurtar ou estender o número de capítulos; alterando a configuração das personagens; acrescentando ou retirando atores de cena; reformulando a abordagem dos temas, etc. Essa possibilidade de permanente correção de percurso vem garantindo o sucesso das telenovelas que, por vezes, mobilizam a audiência de grande parte da população.

Nos últimos anos, as telenovelas vêm complexificando em demasia sua estrutura narrativa, ao abandonarem o tema central em prol de núcleos temáticos com igual importância no desenrolar da trama, o que dificulta a identificação dos protagonistas principais: tem-se a sensação de que inúmeras personagens são lançadas e de que, dependendo de sua aceitação e empatia com o público telespectador, podem ou não galgar o *status* de protagonistas principais.

Um outro tipo de produção ficcional é o que americanos, ingleses e franceses denominam indiscriminadamente de **séries**, termo que para eles subsume, na perspectiva aqui adotada, ao menos dois diferentes subgêneros de ficção televisual, aos quais se intenta, na sequência, distinguir, pois, ainda que, muitas vezes, as denominações **série** e **seriado** sejam empregadas indistintamente, elas se referem a dois tipos diversos de estruturação narrativa, ou seja, a produtos televisuais que se organizam diferentemente e pertencem a subgêneros ficcionais diversos.

Sim, porque não são os temas selecionados que diferenciam uma série de um seriado, mas a estrutura escolhida para sua manifestação, a forma de organização da trama, os protagonistas eleitos para configurá-los, o *tom* escolhido para partilhar e interpelar o telespectador, de maneira a fazê-lo interagir com o programa.

Com modo de organização muito próximo das telenovelas, o que aqui se denominam **séries**, **minisséries** e/ou **mininovelas** são narrativas também segmentadas em capítulos que adotam um esquema de estruturação bastante semelhante ao das telenovelas: concentram-se no relato de uma história que se desenrola na sequência dos capítulos e cujo entendimento por parte dos telespectadores fica na dependência do conhecimento que detêm das emissões anteriores.

Como o fechamento da narrativa só ocorre no final e cada capítulo dá sequência ao anterior, a compreensão do relato requer a assistência de grande parte das emissões na ordem proposta. Construindo sua narrativa ao longo dos capítulos, pautados por picos dramáticos e suspensões estratégicas, a solução dos impasses só ocorre no final, como acontece nas telenovelas. Com capítulos mais breves (de 30 a 40min) e período total de duração bastante menor do que o das telenovelas, essas narrativas, realizadas no Brasil via de regra pela Rede Globo de Televisão, são obras fechadas que se configuram como espaços de experimentação: optam pela adoção de esquemas narrativos mais sofisticados e elaborados e destinam-se a uma faixa de público menos abrangente, mas mais exigente, o que pode ser comprovado pelos próprios dias e horários escolhidos para sua exibição.

Diferentemente de novelas e séries, os **seriados** são ficções televisuais que, do ponto de vista de sua organização narrativa, estruturam-se de forma bastante distinta da das telenovelas, séries, minisséries: ao invés de capítulos, apresentam-se sob a forma de episódios autônomos, mas articulados entre si. Cada episódio consiste na resolução de uma situação independente, apresentada no início do episódio e resolvida em seu interior. A narrativa, nos seriados, tem, assim, o limite do episódio: o desequilíbrio dramático ocorre no início da emissão e é resolvido no decorrer do próprio episódio, ou seja, cada emissão apresenta um relato completo do ponto de vista narrativo, com início, meio e fim, podendo ser assistida isoladamente e em ordem totalmente aleatória, pois mesmo assim faz sentido.

Os seriados não têm data definida para acabar, sendo exibidos normalmente por temporadas, com mais ou menos o mesmo número de episódios (média de 22 emissões de 40 minutos), e permanecem no ar enquanto houver audiência e, consequentemente, patrocínio e/ou publicidade. Se a temporada deu retorno à emissora, o seriado se mantém; caso contrário, é cancelado.

A regularidade de apresentação das emissões, estratégia essencial para o êxito desse tipo de programa, possibilita a familiarização do telespectador com aspectos do ritual proposto, permitindo-lhe a aquisição e o domínio das normas que presidem o formato adotado pelo seriado. Sua compreensão é facilitada pela manutenção do perfil psicológico das personagens e pelo desenvolvimento de um tema nuclear. Uma vez firmadas essas estruturas narrativas de base, as alterações introduzidas semanalmente são, então, enfatizadas.

Cada personagem participante da história apresenta características bastante marcantes, definidas desde o início para que o telespectador com ela entre em empatia e queira acompanhar o desenrolar da trama: o que importa nos seriados são as situações, a cada episódio, vivenciadas pelas personagens.

Para alimentar a narrativa, surgem diferentes problemas a serem resolvidos: a ficção serve-se do inesperado, operando sobre o imprevisível para construir sua trama e, com isso, não só despertar a atenção do telespectador, como, se possível, até mesmo, surpreendê-lo. E, embora os seriados preservem a maior parte das personagens, que reaparecem a cada episódio, neles estão liberadas as participações especiais. Ora, essa forma de narração, fundada na **alternância** entre a repetição e a introdução de elementos novos, possibilita que o telespectador acumule conhecimentos em um contexto de estabilidade: o fato de o esquema narrativo permanecer o mesmo e de as personagens principais retornarem a cada semana para enfrentarem novos desafios é simultaneamente instigante e tranquilizador. E, a cada nova temporada, novos elementos são adicionados à trama, com vistas a mobilizar o telespectador.

Há distintos tipos e formatos de seriados – os investigativos, os policiais, os de aventura, os profissionais, os familiares, os *sitcoms*, etc. – que se distinguem entre si pelo foco temático central e pelo *tom*.

Dentre os formatos mais frequentes veiculados pela televisão brasileira estão os *sitcoms* – comédias de situação, crônicas do cotidiano – exibidos, normalmente, sob a forma de episódios com duração entre 30 e 40 minutos, excluídos os intervalos comerciais, e apresentação semanal. Trata-se, como os demais seriados, de relatos curtos e independentes, com personagens fixas, que utilizam como quadro de referência o mundo exterior próprio de um determinado núcleo social, familiar ou profissional, colocando em cena a vida e/ou as atividades profissionais das pessoas pertencentes a esse grupo.

Por seus aspectos ligados ao humor, à comicidade, à graça; por sua pretensão de fazer rir, divertir, privilegiam algumas combinatórias tonais que procuram reiterar a cada novo episódio e mesmo temporada, pois, quando uma nova temporada vai ao ar, é porque a anterior foi de agrado dos telespectadores.

Os *sitcoms* adotam um formato simplificado: produção barata com locação e cenários pré-estabelecidos, sem a necessidade de recorrer a muitas externas. Além disso, para sustentar seus relatos curtos, contam com um pequeno elenco fixo, lançando mão, quando é o caso, do recurso a participações especiais. Os protagonistas principais obedecem, de forma geral, a certos rituais estereotipados que, pela sua recorrência, aliada à insistente abordagem de determinadas temáticas, temporalidades, espaços de ação e mesmo bordões, garantem a unidade do programa.

Ao fazerem humor com cenas, acontecimentos e comportamentos bem conhecidos e próximos do telespectador, os *sitcoms* desnudam práticas, atitudes, valores familiares, culturais, sociais e/ou políticos; apontam suas contradições e incoerências; expõem pequenos percalços do cotidiano – deslizes, acasos e azares a que todos estão expostos diariamente, transformando em narrativa, simultaneamente lúdica, informativa e até mesmo pedagógica, os aspectos do cotidiano abordados; escrachando, de certa maneira, alguns valores bastante contraditórios que pautam a vida em sociedade.

Há, não obstante, uma circularidade, pois as histórias são contadas de modo a se inserirem no conjunto proposto *para* e *pelo* programa, ou seja, respeitando as características do produto em sua globalidade.

6.3.3 Simulacionais

O gênero simulacional manifesta-se na televisão sob a forma de alguns subgêneros, ora como programas autônomos – certos tipos de *reality shows*, concursos, etc. –, ora como quadros inseridos no interior de programas de auditório, *talk shows*, etc. Eles têm por base e fundamento acontecimentos provocados e controlados pela própria televisão, que então estabelece suas regras de operação.

A televisão, nesse caso, propõe um real artificial, configurado como um jogo – um *mundo* paralelo pautado por regras e mágicas por ela mesma estabelecidas para o qual transporta atores sociais, participantes, apresentadores e/ou os próprios telespectadores, para, a seguir, transformá-los em atores discursivos de produções cuja temática referencia esse real artificial. Ora, no interior desse real paralelo, os acontecimentos são artificialmente produzidos, isto é, são provocados e controlados pela própria televisão que, então, tomando-os como referência, constrói, a partir deles, uma **pararrealidade**, ou seja, um tipo de realidade discursiva que tem por base acontecimentos provocados e controlados pela própria mídia que, então, estabelece suas regras de operação. Sua promessa, enganadora, é a visibilização plena. É o que ocorre em programas do tipo *Big Brother, The voice, Mestre do sabor*, entre outros.

Esses distintos subgêneros de programas realizam-se adotando formatos, normalmente adquiridos de produtoras internacionais, que operam com um tipo de realidade discursiva que libera a televisão da tirania do mundo natural e, ao mesmo tempo, investe os telespectadores de um aparente poder e domínio sobre o encaminhamento e rumos dos acontecimentos. Evidentemente, essa relação de empoderamento, fundada no olhar e no vigiar, é enganadora, pois a televisão permanece selecionando o que dá a ver. A convergência entre televisão e outras plataformas, câmeras de vigilância, telefone e internet vem sustentando a oferta desses distintos subgêneros simulacionais.

A estrutura discursiva dos *reality shows* em suas versões mais difundidas é relativamente simples e repetitiva; organizada como um jogo do tipo concurso ou gincana, nela os participantes são todos concorrentes entre si e vão sendo, aos poucos, eliminados, sendo o último a restar o vencedor. Mas não se pode esquecer: trata-se de um jogo que ocorre no interior do programa e que, portanto, é discursivo – obedece a regras pré-estabelecidas. Assim, embora assuma algumas características locais, os *reality shows* mantêm elementos essenciais do formato original que permitem identificá-los.

Mais ainda, devido ao caráter de produto global, de *franchising*, os *reality shows*, em especial os *Big Brothers*, são indicadores não só de tensões entre o global e o local, como da diluição de fronteiras entre gêneros, oscilando entre ficção e documentário. Mas eles, não se pode negar, são instigantes, pois atualizam diferentes questões relativas às práticas sociais e discursivas; funcionam como agentes sobre as noções de público e privado, cidadão e indivíduo; colocam em xeque princípios morais e éticos em detrimento da amoralidade da vitória e do lucro; respondem ao difuso desejo da audiência de ver pessoas comuns e anônimas ganharem existência e identidade midiática. Enfim, eles seduzem por esse percurso de transformação, mágica, que vai do anonimato à celebridade pela mera exposição às câmeras. E, antes de tudo – e é isso o que aqui interessa –, eles operam uma reconfiguração das relações do homem comum com as mídias ao estabelecerem vínculos entre participantes do programa e telespectadores atuantes.

É só se pensar nos *reality shows* do tipo *Big Brothers* (2002) que pareciam, depois de vinte anos, haver esgotado seu potencial de consumo, mas que, nestes tempos de pandemia, recuperaram seu poder de mobilização, principalmente junto ao público jovem.

Tudo leva a crer que a história da mídia televisão será compreendida como um *antes* e um *depois* desses tipos de programa. Eles são um marco divisório, apontando, já no início dos anos 2000 (Jost, 2001), para uma reconfiguração do campo televisual, fundada na convergência de canais abertos e fechados, internet e telefone, e na convocação dos consumidores desses produtos a participarem do seu processo de produção e do desenvolvimento de suas tramas narrativas.

6.3.4 Promocionais

O gênero promocional manifesta-se na televisão sob diferentes subgêneros: reúne o conjunto virtual de textos com foco central na função promocional da televisão, dela se utilizando, de forma deliberada e planejada, para, sob distintos formatos, publicizar, divulgar, propagar seu objeto de interesse através do desenvolvimento de ações promocionais. Os textos promocionais têm um caráter performativo (Austin, 1990): por *dizerem* o que *dizem* da forma como o *dizem*, promovem ideias, conceitos, produtos, marcas, serviços, pessoas, instituições, entre outros, podendo, na dependência do objeto da promoção, alinhar-se a diferentes subgêneros – publicidade, propaganda, ação social de todo tipo, etc. – e adotar distintos formatos.

Por **ação promocional** compreende-se um projeto de atuação midiática, cuidadosamente planejado e estrategicamente executado, que se materializa em textos – aos quais se propõe aqui denominar **peças promocionais**.

Do ponto de vista formal, os subgêneros promocionais televisuais, embora tenham uma finalidade comum – a promoção –, distinguem-se entre si: **quanto ao conteúdo do que visam promover**; **quanto à forma de participação no processo promocional** – peça única ou peça participante de uma campanha composta, também, por outras peças; e **quanto aos espaços ocupados na grade de programação** para sua difusão.

Realizadas com a intenção precípua de divulgação, promoção, as peças promocionais se manifestam sob diferentes subgêneros e formatos pertencentes ao gênero (auto)promocional, podendo incidir: sobre distintos objetos de promoção exteriores à mídia que os veicula, pautando-se por uma relação de transitividade; sobre a própria mídia ou complexo midiático que as veicula, regendo-se por uma relação de autorreflexividade; ou ainda sobre o enunciatário, fundando-se em uma relação de reciprocidade entre o(s) enunciatário(s) da peça promocional e quem a produz, ou seja, direcionando-se, no caso, prioritariamente à configuração do telespectador.

Quando as peças promocionais se voltam à fala da própria emissora sobre si, elas integram o gênero autopromocional, uma das vertentes do gênero promocional, que se diferencia das demais pelo objeto da promoção: é uma construção discursiva que visa promover o(s) próprio(s) sujeito(s) enunciador(es) do discurso televisual, representado(s), em seu conjunto, pela empresa de televisão que a veicula. A promoção torna-se, assim, autopromoção quando, como no caso da televisão, uma emissora desenvolve ações autopromocionais – materializadas em textos, ou seja, peças autopromocionais – que divulgam seu próprio fazer, seus produtos e serviços, sua identidade, imagem e marca.

Os textos autopromocionais têm, assim, por finalidade específica a divulgação e/ou projeção da identidade, imagem, marca de programas e/ou produtos de uma emissora ou rede de televisão, com o objetivo de conquistar e fidelizar a audiência e fortalecer o consumo de seus produtos por parte dos telespectadores. Eles podem configurar-se como peças autônomas ou pertencerem a uma campanha autopromocional, constituída também por outras peças.

Considerando tais distinções e tomando como base a **localização**, é possível identificar, em televisão, a presença dos seguintes subgêneros promocionais[18]:

(a) **Intervalares**: peças (auto)promocionais únicas ou participantes de uma campanha, que se apresentam de forma independente, ocupando um espaço intervalar, ou seja, entre a emissão de um programa e a de outro ou entre os blocos de uma mesma emissão, tendo por finalidade a divulgação e/ou projeção de ideias e/ou valores, ações sociais, produtos, etc., com o objetivo de conquistar a audiência e interpelar o telespectador, levando-o ao consumo. No caso de peças autopromocionais, os subgêneros mais recorrentes que se utilizam desse espaço intervalar na grade de programação de uma emissora são: chamada da programação; chamada de progra-

---

[18] A proposição de tal classificação dos subgêneros (auto)promocionais contou com a colaboração ativa de meu orientando Gabriel Souza, que a testou e aplicou em sua tese de doutoramento, cuja referência consta da bibliografia.

ma; chamada do tipo vinheta da emissora; informe institucional; informe publicitário; programete; *spot*; *teaser*;

(b) **Insertivos**: peças (auto)promocionais únicas ou participantes de uma campanha, que se apresentam de forma dependente, pois ocupam um espaço no interior das emissões de determinados programas, tendo por finalidade a divulgação e/ou projeção de ideias e/ou valores, produtos, programas, *casting*, ações sociais, com o objetivo precípuo de interpelar o telespectador, levando-o ao consumo. No caso de peças autopromocionais, os subgêneros mais recorrentes que se utilizam desse espaço no interior de programas de uma emissora são: chamada da programação; chamada de programa; vinheta de abertura ou intervalo de programa; fragmento e/ou bloco de emissão de programa com a presença ou quadro referindo profissionais da emissora; emissão de programa; fragmento e/ou bloco em emissão de programa; introjeção de quadro; introdução de reportagem; introdução de notícia; *merchandising* social; retificação; *trailer* comentado;

(c) **Cêntricos**: peças (auto)promocionais de caráter independente, que ocupam espaço próprio na grade de programação sob a forma de programa e têm por finalidade a divulgação e/ou projeção de ideias e/ou valores, produtos, programas, *casting*, etc. No caso de peças autopromocionais, os subgêneros mais recorrentes que se utilizam desse espaço na grade de programação de uma emissora são: programa de conteúdo metadiscursivo; peça de conteúdo autopromocional; apresentação de evento; *remakes*;

(d) **Sobrepositivos**: peças (auto)promocionais exibidas de forma superposta à tela que veicula um dado programa. No caso de peças autopromocionais, os subgêneros mais recorrentes que se utilizam desse espaço são: a exibição da marca da emissora; as chamadas para as próximas atrações.

No que concerne especificamente à autopromoção, a recorrência a esses distintos formatos de peças podem, em síntese, ser resultado de ações autopromocionais *stricto sensu*, ou seja, daquelas veiculadas nos espaços intervalares da programação, quando a emissora assumidamente anuncia sua programação; recapitula o que aconteceu no capítulo anterior de uma telenovela ou anuncia o que deve acontecer no próximo; destaca as notícias que serão apresentadas em um telejornal; empresta sua imagem às ações de caráter social por ela desenvolvidas, etc.

Mas essas peças podem também ser decorrentes de ações autopromocionais *lato sensu*, ou seja, daquelas veiculadas no interior das emissões dos próprios programas, que têm, muitas vezes, um caráter difuso, indireto; que misturam metadiscursividade e autorreferencialidade. São peças cujas mensagens transbordam os espaços intervalares tradicionais, contaminando os programas e até mesmo interferindo na programação de uma emissora. Esse é o caso, por exemplo, de os apresentadores de um mesmo segmento de programas conversarem entre si; de jornalistas e/ou apresentadores fazerem referência ao programa que segue na grade; de os atores da emissora serem convidados a participar de outros programas e a falar de suas personagens; de um determinado programa fazer alusão, direta ou indireta, a outros programas da emissora, etc.

6.4 Das estratégias de embaralhamento entre gêneros e/ou subgêneros

Inúmeros produtos televisuais operam estratégica e conjuntamente com distintos gêneros/subgêneros, por vezes embaralhando-os de forma abusiva no interior de um mesmo programa: é a televisão do factual que recorre a meios ficcionalizantes; é a televisão do ficcional que persegue operações realizantes; são as ações promocionais permeando tudo o que é produzido. Há, assim, uma confusão deliberada entre os diferentes planos de realidade que, entremeados e superpostos, acabam perdendo suas condições de proposição de um regime de crença definido.

Diversas são as formas de configuração discursiva/expressiva dessa estratégia de embaralhamento, algumas delas bastante palpáveis e evidentes, tais como:

(a) a inserção de um ator social midiático no interior de um texto ficcional (suprarrealidade), no qual ele desempenha o papel do ator discursivo, representando a si próprio enquanto ator social. Exemplos bem concretos da utilização dessa estratégia acontecem em inúmeras telenovelas[19];

(b) a inserção de um ator social no interior de um texto simulacional (pararrealidade), realidade-cenário construída no interior do próprio meio e sobre a qual a televisão detém o controle absoluto, na qual ele desempenha o papel de ator discursivo, representando a si próprio enquanto ator social. É o que fazem os *reality shows*;

---

[19] Em *Celebridade*, quando Gal Costa foi à casa da personagem Maria Clara (Malu Mader) para lhe oferecer apoio e propor-se a cantar em sua casa noturna, o Sobradinho, na qual fez o lançamento de seu novo CD pela gravadora Som Livre das Organizações Globo.

(c) a inserção de um ator discursivo de caráter ficcional no interior de um texto factual (metarrealidade), imputando-lhe um papel ou função como se ator social fosse. Trata-se do movimento inverso à configuração anterior, uma outra forma, portanto, de manifestação da mesma estratégia[20];

(d) a inserção de um ator social midiático no interior de um texto ficcional (suprarrealidade), no qual ele realiza, como ator discursivo, uma paródia de si próprio enquanto ator midiático social[21].

De todas as configurações dessa estratégia de embaralhamento, talvez as mais marcantes sejam as paródias, hoje empregadas como recurso fundamental do humorismo televisual brasileiro: elas colocam em cena figuras, atores e narrativas que tomam como referência novelas, minisséries, telejornais produzidos pela própria emissora. Com esses procedimentos – paródia e citação –, a televisão transforma sua própria fala no único horizonte discursivo de referência; mais ainda, mesmo quando opera com atores ou sentidos cuja origem não é o próprio meio, a televisão se vale dessa estratégia para reciclar a si mesma.

---

[20] Um exemplo é o uso feito do personagem Seu Creysson (*Casseta & Planeta*), interpretado pelo ator Cláudio Manoel, que arrastou uma multidão para um showmício na Praça da República, no centro de São Paulo, durante a campanha eleitoral de 2002 e ressurgiu na campanha de 2004. Seu Creysson participou de carreatas e showmícios e foi entrevistado no próprio *Jornal Nacional*.

[21] Um exemplo dessa configuração foi o que aconteceu com nossa musa mais consensual, Vera Fischer. Depois de ter alimentado por tantos anos o imaginário tupiniquim, a participação da atriz e ex-miss em *Senhora do destino*, envelhecida, exageradamente bronzeada, entupida de botox e/ou metacril, foi no mínimo surpreendente: era a mulher mais linda do Brasil, na telinha, fazendo uma paródia de si própria. Seu personagem na novela, uma ex-miss Brasil, chamada Vera Robinson, em fase de franca decadência, compactuava com os "bandidos" para colocar na cadeia o "mocinho" Viriato, sob a falsa alegação de assédio sexual. Imagine só, Vera Fischer reconhecendo, no ar, sua ausência de condições de ser um motivo para um verdadeiro assédio!

Em síntese, essa forma abusada de fazer televisão que hoje campeia por aí, ao embaralhar gêneros/subgêneros televisuais, ao promover uma confusão deliberada entre os diferentes planos de realidade com que um dado programa opera, substitui evidente e deliberadamente a teologia da *verdade vs. mentira, do real vs. ficção,* pela da *naturalidade vs. artificialidade.*

Os programas de auditório, antiga atração do rádio, exemplificam muito bem esse processo de embaralhamento. Com presença obrigatória no contexto televisual brasileiro e com características próprias e *tom* bastante popularesco e apelativo, estão presentes nas grades de programação desde o início da televisão no país. Sua estrutura, originária de competições radiofônicas entre calouros, foi ganhando, com o passar do tempo, contornos próprios na televisão, como a inclusão de quadros de entrevistas, apresentação de números de dança, atrações musicais e concursos (Ferreira, 2011).

Alguns elementos constitutivos dos programas de auditório são responsáveis pela exitosa estratégia de comunicabilidade por eles empregada para articular palco e plateia, telespectadores e produto midiático: o que caracteriza os programas de auditório[22] é a presença obrigatória de um apresentador e da plateia, composta por participantes de origens diversas, que assistem *in loco* ao programa, interagindo com seu elenco fixo e convidados através de diferentes tipos de manifestação, quer mediante aplausos, vaias, diálogos, quer se submetendo a provas, *games,* brincadeiras, entrevistas, quer ainda receben-

---

[22] São famosos, entre outros, na televisão brasileira, o *Programa de Gala* (1955, TV Rio); o *8 ou 800* (RGT); *O céu é o limite* (SBT); *Calouros em Desfile, Hebe comanda o espetáculo, Com a mão na massa, O mundo é das mulheres* e *Maiôs à beira-mar* (SBT); *Discoteca do Chacrinha, Buzina do Chacrinha* e a *Hora do Chacrinha* (RGT); *Programa Sílvio Santos* (SBT), etc.

do, em alguns casos, prêmios pelo ingresso e/ou vitória em competições.

Mas a figura central dos programas de auditório é, sem dúvida, a do apresentador, com funções diversas de condutor, animador, anfitrião, mediador e, por vezes, juiz. É ele quem articula o programa tanto pelo discurso que constrói frente às câmeras, como por sua personalidade e carisma. São atribuídas a ele diversas tarefas, cabendo-lhe convocar os participantes, interpelá-los; reforçar pela repetição o efeito de diálogo; fazer piadas, brincadeiras; explicar as regras do jogo; divulgar produtos; exibir ancoragens espaciais diversificadas; criar efeitos de participação dos telespectadores, pois o condutor, ao se dirigir diretamente à plateia que assiste ao programa ao vivo, ao se posicionar frente à câmera, interpela diretamente os telespectadores.

Articulando diferentes gêneros – o factual, o ficcional, o simulacional, o promocional –, os programas de auditório convocam diferentes realidades discursivas, em uma ciranda entre distintos planos, relacionando novidade e repetição.

Mais ainda, os programas de auditório, além das vantagens econômicas e comerciais que representam, são um espaço privilegiado para a autopromoção da própria emissora; para o lançamento de produtos no mercado televisual; para a divulgação de livros, filmes e CDs, produzidos pelos conglomerados midiáticos, entre outros tantos. Além disso, trata-se de produções de baixo custo, que se utilizam da *prata da casa* e podem ser consumidas em diferentes plataformas.

6.5 De dúvidas e questionamentos

Nesse grande palco em que se transformou a televisão, em que situações concretas e vividas são apresentadas como momentos de ficção e vice-versa, em que apenas o que é por ela pautado ganha existência, perde-se o sentido histórico dos acontecimentos reais. Evidentemente, os trânsitos complexos e frenéticos entre os diferentes planos de realidade escondem respeitáveis interesses econômicos, sofisticadas operações de *marketing*. Possivelmente, a manipulação dessa *mélange*, dessa verdadeira confusão, resultante das inúmeras passagens de um registro a outro, de um plano de realidade discursiva a outro, de um *mundo* a outro, muitas vezes sem qualquer mediação, venha sendo usada sem se dimensionarem suas possíveis consequências, independentemente mesmo de seu valor comercial.

Embora muitos percebam que se trata de configurações de *mundos* produzidas pelas linguagens, tem-se que admitir: o que se vê é bastante convincente.

Esse constante e indiscriminado embaralhamento entre informação, entretenimento, promoção; entre novela, telejornal e publicidade; entre o real natural e o real artificial; entre atores sociais e discursivos pode ser bastante atrativo para a própria emissora, que passa a gerar os acontecimentos que noticia e, consequentemente, sobre eles detém o controle. Mas, e a confusão provocada na cabeça dos telespectadores?

7 Processo de tonalização: a televisão se dá ao *tom*

> Mas iremos achar o tom,
> Um acorde com lindo som,
> E fazer com que fique bom,
> Outra vez, o nosso cantar;
> E a gente vai ser feliz,
> Olha nós outra vez no ar,
> O show tem que continuar.
> (Sombrinha, Luiz Carlos da Vila, Arlindo Cruz)

O firme propósito de examinar o texto televisual em suas especificidades aponta, de antemão, o espaço em que a reflexão ora empreendida se movimenta preferencialmente, a **instância da discursivização**, lugar das escolhas estratégicas operadas pela enunciação quanto ao modo de *contar* a narrativa que, evidentemente, leva em consideração o tipo de processo comunicativo em que o texto a ser produzido se inscreve e a *gramática* de formas de expressão colocada a seu dispor; os seus enquadramentos genéricos.

No decorrer do processo discursivo, o enunciador lança mão de distintos dispositivos de ordem semântica e/ou sintática – tais como a **tematização**, a **figurativização**, a **temporalização**, a **espacialização**, a **actorialização**, a **aspectualização** –, acionando-os de maneira a manifestar os procedimentos adotados, ou seja, as escolhas por ele efetuadas no que diz respeito à construção da significação e sentidos de um dado texto.

A **tonalização**, acredita-se – o mestre lituano que perdoe a petulância –, é mais um desses dispositivos que operam em nível discursivo/expressivo, sendo concernente às relações contraídas entre o texto produzido e os processos comunicativo e enunciativo que o enformam.

Como se considera tal proposição bastante ousada e mesmo polêmica, procura-se, na sequência, desenvolver e partilhar a reflexão sobre sua pertinência, bem como precisar o conceito e as funções atribuídas ao processo de tonalização; definir suas formas de articulação, modulação e gradação com outros *tons*; verificar as estratégias empregadas para a sua manifestação e relacionamento com os demais dispositivos; examinar suas modalidades de expressão.

Com esse intuito, recuperou-se, inicialmente, o material produzido, ao longo dos anos, sobre o tema, correspondente a diferentes fases de amadurecimento desta proposição e organizaram-se de forma mais sistemática as anotações, por vezes esparsas, encontradas.

Para que se possa compreender as características e funções do dispositivo aqui proposto, caberia melhor precisar a que *tom* se faz referência, pois falar sobre tonalização é, antes de tudo, falar sobre o *tom*. Ora, finalmente, o que seria o *tom*? Qual seu âmbito de atuação – expressão ou conteúdo? Quais as funções que lhe são atribuídas no texto televisual? Como o *tom* pode conferir identidade aos textos, auxiliando a distinguir entre si produtos televisuais que pertencem a um mesmo subgênero?

Com vistas a bem definir o conceito de *tom* e melhor compreender sua forma de atuação, buscaram-se, primeiramente, indicações em gramáticas de outras linguagens que empregam a categoria *tom* de forma sistemática e operatória.

7.1 Sobre o *tom* em outras linguagens

A observação do comportamento da categoria *tom* em linguagens isoladas – tais como a verbal oral, a musical, a cromática – evidencia o fato de que ela assume, em cada uma delas, diferentes configurações e funções, o que só faz confundir seu estatuto. Trata-se de uma categoria sígnica ou de um procedimento discursivo? O *tom* está afeito ao plano de expressão ou de conteúdo de um signo/texto? Opera em nível de elemento distintivo de signos, enunciados, textos?

Enquanto mero traço distintivo de expressão verbal, musical ou cromática, o *tom* não seria um signo, mas uma figura, isto é, um elemento que participa da formação de um dos planos do signo; enquanto sentido único de expressão e conteúdo, o *tom* teria um caráter meramente simbólico, isto é, não exigiria, para seu reconhecimento, que operasse conjuntamente com os dois planos do signo, pois haveria uma relação unívoca entre eles – seriam conformes um ao outro, contraindo simultânea e exclusivamente as mesmas funções; enquanto fruto da relação necessária entre expressão e conteúdo, o *tom* poderia ser considerado um signo/texto. Acontece que, dependendo da linguagem e da ótica em que se analisa, o *tom* pode ser considerado como qualquer uma dessas três entidades.

Para os estudos linguísticos, o *tom* e a *entonação* são conteúdos concernentes à prosódia, subcomponente da fonologia e da fonética, que se volta ao estudo de unidades do plano da expressão que vão além da dimensão dos fonemas. Pertencente a um campo de pesquisa ainda insuficientemente explorado, a prosódia comporta o inventário das categorias prosódicas, no qual estão incluídos fenômenos de diferentes espécies, tais como a acentuação, a *entonação*, o ruído, as pausas, o ritmo, etc.

Ocorre que o estatuto do *tom* não é tão evidente assim, uma vez que fica claro que ele não se satisfaz somente em desempenhar a função discriminatória que caracteriza, por exemplo, os fonemas. Alguns usos do *tom* aparecem como categorias morfológicas, morfossintáticas, ou mesmo sintáticas: a *entonação*, por exemplo, pode ser considerada como elemento constitutivo da frase.

Segundo Martinet (1965, p. 33), alguns desses elementos fônicos não só constituem categorias sintáticas, esse é o caso da *entonação*, como assumem funções: **distintiva**, na medida em que permitem diferenciar duas unidades significativas; **demarcativa** ou **delimitativa**, pois possibilitam, por vezes, o reconhecimento dos limites de uma palavra ou de qualquer unidade linguística; **culminativa**, quando assinalam em "um enunciado a presença de um certo número de articulações importantes, facilitando assim a análise da mensagem".

Na fala, os dispositivos prosódicos, dentre eles o *tom*, configuram-se como estratégias que visam a tornar a organização do discurso mais transparente. Para além disso, os aspectos prosódicos apontam para valores semânticos, sendo, muitas vezes, formas de marcação da atitude do enunciador frente ao que está sendo enunciado, ou de indicação ao interlocutor de como ele deve proceder diante do que ouve.

Centrando a atenção especificamente nos aspectos ligados ao *tom*, pode-se defini-lo, nesse contexto, como unidade distintiva ligada às oposições de altura que, em certas línguas, permitem diferenciar dois fonemas com todos os traços pertinentes idênticos, exceto a altura com que são pronunciados; ou como unidade distintiva, ligada a grupos sintáticos ou frases.

A definição do estatuto propriamente semiótico do fenômeno *tom* causa igualmente dificuldade, porque ele não parece ser uma figura, no sentido hjelmsleviano do termo, isto é, um elemento constitutivo do signo, mas, antes, um signo semimotivado: assim, por exemplo, ao se distinguir na *entonação* uma oposição do tipo *curva ascendente vs. curva descendente* no plano da expressão, a ela corresponde uma outra, situada no plano do conteúdo, que pode ser designada como *suspensão vs. conclusão*.

No caso da música, as teorias sobre a gramática da linguagem musical sempre se utilizaram, de forma explícita e sistemática, do conceito *tom*. E com dois sentidos: o primeiro refere-se ao espaço tonal de uma peça – diz-se então que a música está em Dó M, Lá M, ou seja, que se movimenta nesse ou naquele *tom*, isto é, em um espaço tonal específico, ligado à melodia e à harmonia; o segundo tem um caráter intervalar, consistindo na medida de um *tom* ou de um meio *tom* (semitom), entre os sons de uma escala.

A primeira acepção, mais promissora para o que se pretende investigar, considera o *tom* como tonalidade, ou seja, uma propriedade do sistema musical que correlaciona todos os sons percebidos (alturas) a um som principal (tônica). Chama-se *tom* a esse centro tonal, lugar da tônica: todo *tom* pertence a uma escala, cuja denominação advém do primeiro som. Todas as alturas têm, assim, seu valor no sistema a partir da relação com a tônica, o que faz de tonalidade e sistema tonal sinônimos.

A tonalização, processo através do qual uma música muda de *tom*, opera por **modulação** – fase de transição entre a tônica anterior e a nova tônica que lhe é posterior. Assim, o *tom* do discurso, musicalmente falando, seria o valor da tônica, em torno do qual todos os demais sons se organizam; a *tonalização*, o processo de passagem (modulação) para uma nova tônica.

Essa concepção de *tom*, emanada da linguagem musical, lança mão de algumas categorias a partir das quais ele pode ser apreendido e observado, tais como **andamento, ritmo, gradação, timbre**.

Dessa forma, na linguagem musical, o *tom* diz respeito a traços de expressão que correlacionam sons, enquanto **altura** (*grave vs. agudo*), **volume** (*fraco vs. forte*), **timbre** (atributos dos sons), **ritmo** (quantidade de tempo de cada som), a um centro tonal (tônica). Mas esses traços tonais de expressão que correlacionam sons são portadores de sentidos de conteúdo que, embora difusos e genéricos, podem se traduzir como *alegria vs. tristeza, seriedade vs. brincadeira, vida vs. morte, leveza vs. peso*, entre outros.

Uma outra linguagem que recorre sistematicamente ao conceito de *tom* é a da cor, na qual ele é empregado tanto para referir um atributo da própria matéria, perceptível quando a luz incide sobre ela, quanto para designar a sensação consciente de um observador, cuja retina se acha estimulada por energia radiante. Pode-se falar, assim, de *tom* em duas perspectivas distintas – a da cor-luz (projetada) e a da cor-pigmento (refletida).

O *tom* correspondente ao comprimento de onda dominante é a dimensão da cor referente à maior ou menor quantidade de luz nela projetada, o que permite definir e distinguir as cores entre si: vermelho, verde ou azul, por exemplo, são matizes. Para se alterar o matiz de uma cor, acrescenta-se a ela outro matiz. Assim, tendo-se à disposição algumas cores, podem-se obter outras mediante procedimentos de subtração e adição. A tonalidade é resultante da proporção entre as cores componentes e/ou agregadas. Essas gradações são chamadas **escalas tonais**, medidas pela *presença vs. ausência*. O verde amarelado e o verde azulado, por exemplo, são diferentes tonalidades do verde. Entre as nuances quase infinitas do espectro luminoso, o olho humano é capaz de distinguir cerca de 180 diferentes *tons*. Todos eles transmitem sentidos à mente humana, provocando emoções que podem influenciar negativa ou positivamente.

Esses sentidos atribuídos às cores, tanto pelos enunciadores que as selecionaram, quanto pelos espectadores, podem ser variáveis. Existe uma classificação tradicional que divide as cores em *quentes vs. frias*, fundada em uma segmentação do disco cromático ao meio, com uma linha vertical cortando o amarelo e o violeta: os vermelhos e laranjas seriam cores quentes, vibrantes, dinâmicas, estimulantes, próximas; os azuis e verdes representariam as cores frias, calmas, tranquilas, traduzindo sentidos de suavidade, estaticidade, retração, afastamento, distância. A **temperatura** das cores designaria, assim, sua capacidade de produzir efeitos de sentido de *quentura vs. frieza*.

Como se pode ver, também na linguagem das cores, o *tom* pode ser compreendido ora como um traço de expressão, resultante da maior ou menor luminosidade que se projeta sobre algo, ora como um traço de conteúdo, quando se fala da temperatura das cores.

Evidentemente que, no caso das cores, os sentidos a elas atribuídos nunca serão resolvidos por um catálogo fixo de símbolos de cor; a inteligibilidade emocional e a função da cor são decorrentes da ordem natural de apresentação de uma imagem, não existindo, dessa forma, correspondências absolutas entre as cores em geral e seus sentidos de conteúdo. Embora não ocorra uma conformidade total entre os dois planos, o que transformaria o *tom cromático* em um símbolo em termos hjelmslevianos, pode-se, sem dúvida, reconhecer em alguns *tons* a coexistência de um certo tipo muito particular de relação entre expressão e conteúdo, caracterizado pela conformidade de determinadas categorias extensivas aos dois planos do texto. Algo muito próximo do que alguns teóricos, como Jean-Marie Floch (1993), denominam de semissimbolismo. A dupla alteração provocada por processos desse tipo apresenta características de linguagem segunda, distinguindo-se de outros processos (conotação e metassemiótica) pelo fato de envolverem diferentes linguagens.

A breve recuperação que se fez do conceito nessas três linguagens evidencia que o *tom* nelas se constrói sobre uma relação particular entre a forma de expressão e a de conteúdo, cujas fronteiras nem sempre são facilmente determináveis, ficando muitas vezes no limiar entre os dois planos da linguagem. Na música e na cor, o *tom* pode ser analisado pela sua **posição** ou pelo seu **enquadramento em uma escala sonora** ou **cromática**; na linguagem verbal oral e na música, o *tom* recorre às categorias **timbre**, **altura** e **duração**. Mais ainda, em todas essas linguagens, a definição de *tom* lança mão da categoria **intensidade**.

A linguagem da cor, além disso, coloca à disposição outras categorias a partir das quais o *tom* pode ser apreendido e observado, tais como **saturação** e **temperatura**. Mas, se a categoria **saturação** diz respeito à posição no eixo cromático, a categoria **temperatura** não só se refere a efeitos de sentido de conteúdo, como representa a convocação do enunciatário, visto que é nele que esses efeitos são produzidos.

Na linguagem verbal, a interpelação que pode ser operada pelo *tom* é ainda mais perceptível pelo fato de ele poder assumir um caráter tanto ilocutório, fornecendo indicações da atitude do enunciador frente ao que está sendo enunciado, como perlocutório, dizendo de como o interlocutor deve proceder diante do que ouve.

Embora superficial, a recuperação que se fez do conceito de *tom* nessas três linguagens não só sugere algumas categorias para sua análise, como fornece fortes indicações de que – ao ultrapassar o âmbito do signo, e mesmo o do enunciado, em direção ao discurso, aos textos complexos – a noção de *tom* pode ganhar novas dimensões e contornos. Frente a um processo de deslocamento, articulação e condensação, o *tom* parte em direção ao plano do conteúdo. Dito de outra forma, se, no interior de linguagens isoladas, sua percepção se dá via plano de expressão, em textos complexos como os produtos televisuais, ela ocorre como uma percepção de conteúdo, que se expressa de forma difusa, dissipada por entre as diferentes substâncias significantes (linguagens) que emprega para sua expressão.

Dessa maneira, o que se denomina *tom* no discurso televisual decorre de um alargamento do sentido do termo – tal como é empregado por linguagens isoladas, como a verbal, a musical ou a cromática –, alargamento esse sustentado pelo deslocamento da percepção inicial e imediata dos traços significantes responsáveis por sua expressão em direção ao seu conteúdo. A superposição e a articulação de diferentes linguagens sonoras e visuais, sobredeterminadas pelos meios técnicos, faz com que a percepção do *tom* se dê na direção inversa, do conteúdo à expressão, sendo extensiva à totalidade de uma emissão.

Mas, é preciso que se diga, o alargamento da noção de *tom*, tal como se propõe na sequência, leva em consideração não apenas o que se constatou, examinando a maneira como a fala, a música e a cor dispõem desse conceito, mas também o jogo de usos denotativos e conotativos em torno do termo que vem povoando o universo da comunicação como metáforas dos sentidos a ele conferidos pelos estudos de música, de retórica clássica e de linguística. Assim convivem, nesse universo, como nos exemplos que seguem, aleatoriamente levantados, utilizações do termo com as mais diversas nuances de sentido. Se não, veja-se:

- "Muitas vezes não se pode entender o que o outro está falando, mas pelo **tom** de voz já se consegue saber com quem se está falando, se é sobre amor ou briga, se está feliz ou triste" (Revista de Ciência On-line)[23].
- "A interação é um dos recursos mais usados para dar ênfase ao **tom** e ao sentido de qualquer comunicado" (Distefano, 2004);
- "**Tom** discreto faz Big Brother persistir" (Hamburger, 2004);
- "(...) o contrato entre vida e enunciado, modulado pelo gênero, imprime um **tom**, uma entoação expressiva à comunicação" (Machado, 2013).

---

[23] Revista de Ciência On-line. Disponível em: http://www.cienciaonline.org/. Acesso em: 21.07.21.

Um breve exercício de observação desses enunciados permite de pronto que se levantem algumas pressuposições:
(1) há uma forte ligação entre *tom* e sentido;
(2) o *tom* pode ser atributo tanto da voz humana como de um programa televisual;
(3) o *tom* pode manifestar tanto estados de alma, como sentimentos, ou comportamentos;
(4) o *tom* possibilita a identificação do enunciador; do tipo de ato de fala que está sendo enunciado; da posição de quem o enuncia;
(5) o *tom* pode ser graduado, enfatizado;
(6) o *tom* desempenha funções estratégicas frente ao que está sendo enunciado;
(7) o *tom* pode se manifestar através de diferentes formas de conteúdo e expressão.

Frente a essas pressuposições, apresentadas ainda de forma desordenada e assistemática, cabe, então, dar sequência à reflexão sobre o *tom*, com vistas a uma melhor definição de seu conceito e à sua operacionalização no que concerne ao televisual.

7.2 Das referências sobre o *tom* no televisual

A ideia de tentar definir e operacionalizar o conceito de *tom* surgiu da constatação de que muitos empregam o termo, em relação aos produtos televisuais, com valor distintivo, como traço de caracterização ou identificação de programas, subgêneros e formatos televisuais.

Embora a formalização do conceito de *tom*, de modo geral, não conste, que se saiba, de nenhum corpo de definições das teorias direcionadas à comunicação televisual, o termo é bastante empregado pela área, sendo frequentemente utilizado tanto pelos estudiosos e críticos de televisão como pelos próprios profissionais do mercado de produção televisual e mesmo pelos telespectadores. Assim, procurou-se, em um primeiro momento, examinar o jogo de empregos denotativos e conotativos sobre ele construído, possivelmente condensando os sentidos a ele atribuídos pelos estudos de retórica clássica, de fonética/fonologia, de música, de cor.

Alguns estudiosos de televisão, tais como Jost (1999; 2010), Martín-Barbero (2001), Floriano (2006), Gomes (2006), referem-se ao termo, empregando-o em suas formulações, sem, entretanto, defini-lo com precisão. Floriano (2006; 2010) chega mesmo a admitir a dificuldade de precisar seu conceito; Martín-Barbero (2001) e Gomes (2006) falam apenas de suas funções.

Jost (2010, p. 66) afirma que, "embora o tom seja uma categoria à qual recorrem os profissionais, ele ainda é largamente negligenciado pelos pesquisadores".

Mas, já em 1999, o estudioso francês ressaltava que:

> Aujourd'hui plus qu'hier, chaque début d'émission annonce le ton qui va y dominer : il y aura des rires et des larmes, des "surprises", la révélation de secrets ou de la vérité (Jost, 1999, p. 28).

Para ele, o *tom* não está automaticamente ligado a um de seus mundos. Independentemente de seu caráter factual ou ficcional, ele pode ser *sério, cômico* ou *insolente*, entre outros. Assim:

O fato de uma emissão enviar a um mundo – real, fictivo ou lúdico – não prejulga a maneira como ela realiza esse ato. Da mesma forma como um professor pode ser muito sério ou privilegiar o humor, uma emissão pode se referir à realidade ou à ficção, sob vários tons (Jost, 2010, p. 65).

Jost ressalta também que o *tom* é o que seguidamente distingue as ficções apresentadas pelas diferentes emissoras. Todas elas têm séries policiais, e muitas contam a mesma história, mas o que prende os telespectadores a essa ou àquela série decorre do mesmo processo: "ama-se o humor do Dr. House, a gentileza das personagens de PJ ou o cinismo do inspetor Rovère, no Boulevard du Palais" (Jost, 2010, p. 66).

Uma das raras tentativas de uma discussão mais aprofundada sobre o conceito de *tom*, especificamente direcionado à produção televisual, encontra-se em um texto de Miguel Angel Huerta Floriano (2006). Em seu trabalho, o autor menciona que amiúde os profissionais do meio televisivo utilizam o termo *tom* para se referir a uma característica essencial das séries em que trabalham. Entretanto, confessa Floriano, esses realizadores, de pronto, reconhecem que a definição de *tom* é extraordinariamente complicada por sua instabilidade; inconstante como poucos, o termo se relaciona às maneiras e aos modos expressivos de que se utilizam na construção do relato.

Para o autor, "lo tono tiene que ver con el estilo particular, con las herramientas genéricas aplicadas y con las ópticas que se adoptan" (Floriano, 2006, p. 4). O pesquisador espanhol enfatiza ainda que os *tons* podem combinar-se entre si para dar corpo a uma emissão ou série televisual.

Desse modo, fala-se comumente em *tons* paródicos, realísticos, de costumes, cômicos ou dramáticos, para assinalar alguns deles. Mas, qualquer que seja o texto televisual, o fundamental é que o *tom* se articule harmonicamente com os componentes narrativos, com os rasgos formais e com os temas básicos do programa, de tal modo que já a primeira emissão evidencie rápida e eficazmente as sementes tonais que determinarão a obra.

Também Itânia Gomes (2006) faz menção ao *tom*, relacionando-o ao conceito de **modo de endereçamento**, na perspectiva dos **estudos culturais**. De acordo com a autora, o endereçamento é uma característica sempre presente nas formas e práticas comunicativas específicas de um programa televisual, dizendo respeito à sua maneira particular de estabelecer relações com a audiência. Os modos de endereçamento designam, assim, as formas e práticas comunicativas que constituem o programa, referindo-se ao seu *tom*, ao seu estilo, às convenções de gênero, ao contexto social. Eles se encontram no texto e agem sobre os telespectadores virtuais ou reais. Trata-se de uma estruturação que vai ganhando forma e se desenvolvendo ao longo do tempo no texto televisual; diz respeito a um estilo que identifica o produto televisual e o diferencia dos demais, permitindo melhor compreender a relação de interdependência que se estabelece entre emissores e receptores na construção dos sentidos de um texto.

Nessa direção, o modo de endereçamento, ao se referir, por exemplo, ao *tom* de um telejornal, relaciona-se àquilo que o distingue dos demais, aludindo não apenas à imagem de sua audiência, mas ao estilo e às especificidades de um determinado programa.

Martín-Barbero (2001), no que concerne ao *tom*, reitera as afirmações de Jost (1999) sobre sua função de mediação, centrada nos apresentadores. Segundo o autor, alguns programas recorrem a dois intermediários fundamentais: um personagem retirado do espetáculo popular, o animador ou apresentador, e um certo *tom* que fornece o clima exigido, coloquial. O apresentador-animador, mais do que um transmissor de informações, é, na verdade, um interlocutor, ou melhor, aquele que interpela o telespectador convertendo-o em seu interlocutor. Daí seu *tom* coloquial e a simulação de um diálogo que não se restringe a um arremedo do clima familiar.

Como se pode constatar, embora esses autores refiram-se diretamente ao *tom*, relacionando-o ao texto televisual, tais referências, do ponto de vista conceptual, são vagas. Jost e Floriano, como já se salientou, chegam mesmo a reconhecer as dificuldades de definição do termo, ainda que lhe imputem relevância e indiquem suas relações com o estilo, com o enunciatário, com as convenções de gênero.

Um exame atento das indicações contidas nos textos desses autores permitiu o levantamento de algumas pressuposições sobre o *tom*, quando relacionado ao televisual, tais como: (1) o *tom* é conferido pelo enunciador ou instância da enunciação/realização de um produto televisual; (2) o *tom* pode fornecer indicações sobre o enunciador e sua posição/sentimentos sobre o tema da narrativa desenvolvida por um programa televisual; (3) o *tom* tem a ver com o estilo, as ferramentas genéricas e as óticas adotadas pelo texto televisual; (4) os *tons* podem combinar-se entre si para dar corpo a um programa televisual; (5) diferentes *tons* podem ser atribuídos a um programa televisual, independentemente de ser ele factual, ficcional ou simulacional; (6) o *tom* é um modo de endereçamento, configurando-se como uma estratégia de interpelação dos telespectadores virtuais ou reais; (7) o *tom* de um programa televisual pode expressar-se de forma dissipada ou concentrada em um ator discursivo, apresentador, animador, entre outros; (8) a combinatória tonal atribuída a um programa televisual funciona como elemento de distinção em relação aos demais pertencentes ao mesmo subgênero. Ela incide sobre o formato que identifica e particulariza um dado programa.

Considerando tais pressuposições, apresenta-se, na sequência, um maior detalhamento dessa propriedade inflexiva conferida ao texto televisual.

7.3 Sobre o dispositivo de tonalização

O dispositivo sintático-semântico a que se ousa chamar de *tonalização do discurso* tem por tarefa a atribuição estratégica de um *tom principal* ao discurso produzido e sua articulação com outros *tons* a ele correlacionados, responsáveis pela conferência de um **ponto de vista**, a partir do qual sua narrativa quer ser reconhecida por seu enunciatário, no caso, o telespectador, independentemente do plano de realidade ou do regime de crença com que opere. Tal dispositivo comporta um conjunto de procedimentos com vistas à harmonização das categorias **modalização** e **sensibilização** e à sua compatibilização com as condições de produção e reconhecimento.

O processo de tonalização, isto é, de conferência de um *tom* ou *combinatória tonal* ao discurso televisual é responsabilidade da instância da enunciação, decisão estratégica do(s) enunciador(es), proposta, convite e promessa de interatividade. Reitera-se, assim, que, para além de inclinações, tendências ou outras peculiaridades, a escolha de um *tom* em televisão é uma deliberação de caráter estratégico.

O *tom* fornece indicações ao enunciatário/telespectador do que deve esperar do produto que lhe está sendo ofertado, de como deve com ele interagir. E o telespectador, ao perceber a proposição engajante e aderir ao convite, torna-se cúmplice do enunciador. Assim, acertar o *tom*, ou melhor, sua expressão, implica que ele seja reconhecido e apreciado pelo telespectador.

Em tal perspectiva, o processo de tonalização é um dos elementos responsáveis pela **identidade de um dado programa televisual**, pois lhe confere traços capazes de distingui-lo de outros tantos do mesmo subgênero, devido à sua incidência sobre o formato que o identifica e particulariza. Essa articulação – harmonização e compatibilização – tem um caráter estratégico, envolvendo movimentos de **modulação** e **gradação** de *tons*: a **modulação** comporta o deslocamento ou passagem de um *tom* principal aos tons complementares a ele relacionados e vice-versa; a **gradação** corresponde ao aumento ou diminuição de ênfase em determinado *tom*, minimizando-o ou exacerbando-o.

O *tom* é, então, uma propriedade conferida ao discurso produzido, que agrega ao que é *dito* essa série de gradações a partir de regras de tonalidade, que definem os procedimentos de articulação de *tons* e suas possibilidades de encadeamentos decorrentes das afinidades entre os *tons* e suas condições de gradação.

O *dispositivo de tonalização* atualiza, dessa forma, um conjunto de procedimentos discursivos dele decorrentes. A decisão pelo *tom* perpassa toda a instância discursiva, interferindo na escolha das formas de configuração dos atores, do tempo e do espaço, bem como, muitas vezes, na própria forma de organização da narrativa em nível discursivo.

Em um dado cenário, ou seja, em um conjunto de condições contextuais, os enunciadores podem, por assim dizer, jogar com o sistema; explorar as potencialidades definidas pela situação, utilizando as estruturas temáticas e informacionais com vistas a produzir efeitos retóricos de uma diversidade surpreendente. Trata-se de um jogo que, mais do que para fazê-lo refletir ou entreter-se, tem uma intenção: manter o telespectador cativo. Ora, esse jogo é demasiado astucioso para ser verdadeiramente informação ou mero entretenimento.

Mais ainda, essa deliberação sobre o *tom* confere ao produto televisual um caráter interpelativo: implica que ele seja reconhecido e apreciado pelo telespectador. Se isso não ocorrer, todo o processo de conferência fica comprometido, não obtendo êxito, pois o *tom* se dirige, necessariamente, ao meio social.

Como existe sempre a possibilidade de ruptura, a escolha do *tom* ou de uma *combinatória tonal* constitui um espaço de liberdade do enunciador, que sempre pode ignorar os entornos representados pelas restrições da formação discursiva em que o produto televisual se insere.

A combinatória tonal atribuída a um produto televisual pode-se dar **entre *tons* afins**, ou seja, coerentes e compatíveis entre si, ou não, manifestando-se pela relação estabelecida entre as diferentes linguagens sonoras e visuais empregadas em sua textualização – figurino, representação, gestos, expressão corporal, fala, cenário, ruídos, música, ritmo da montagem, movimento de câmera, etc.

Assim, o grau de intimidade que une os *tons* atualizados em uma dada combinatória tonal é variável. Quando se observa uma conexão relativamente íntima entre os *tons*, diz-se, à maneira de Hjelmslev (1972, p. 200-219), que eles contraem uma relação de **coerência**. Se, ao contrário, inexiste tal conexão, há uma relação de **incoerência** entre eles que provoca rupturas.

A ideia geral de coerência apresenta duas variantes: (1) a **inerência**, na qual está em jogo a interioridade da relação entre os *tons* convocados; (2) a **aderência**, na qual está em pauta o contato da relação entre os *tons* convocados. Existem traços que, *per se*, são inerentes a um determinado *tom*; entre outros, há zonas de intersecção. Dessa forma, a conexão entre os *tons* pode obedecer a uma maior ou menor coerência; já a relação de aderência, fundada no contato, pode ser de maior ou menor intimidade. Quando o contato nem mesmo existe, tem-se uma relação de **incoerência** entre os *tons* convocados. Esse jogo entre coerência e incoerência tonal acontece em muitos programas televisuais, dos *sitcoms* aos telejornais, conforme demonstrado em inúmeras análises já realizadas.

O processo de tonalização comporta dois tipos de procedimentos com vistas à harmonização e compatibilização dos *tons* convocados para marcarem presença nas combinatórias tonais, envolvendo os já referidos movimentos de **modulação** e **gradação**. Esses procedimentos sustentam a eficácia das combinatórias tonais, acarretando subtrações ou adições de *tons*, repetições ou proposições de alterações tonais, pois possuem também uma função de autorregulação, tendo em vista as relações e reações do enunciatário frente ao discurso enunciado.

Como a produção televisual se movimenta basicamente entre dois objetivos fundamentais, **informar** e **divertir**, que ora são priorizados isoladamente, ora se combinam, acredita-se que as demais categorias tonais se articulem em torno de uma categoria principal, **disposição,** cujos eixos opositivos se estruturam em torno das tensões entre seus dois polos extremos – *seriedade vs. ludicidade* –, aos quais se podem agregar, à guisa de exemplo, *peso vs. leveza*; *tragicidade vs. humor*; *proximidade vs. distanciamento*; *profundidade vs. superficialidade; objetividade vs. subjetividade,* entre muitos outros.

Do ponto de vista discursivo, como já se referiu, a deliberação sobre o *tom* interfere na configuração dos atores, do tempo, do espaço, bem como na própria organização narrativa. Em nível textual, o *tom* se impõe como uma pretensão de conteúdo em busca dos traços expressivos que melhor a exteriorizem. Esses traços podem não se dar imediatamente a ver, encontrando sua forma de expressão na articulação de diferentes níveis de linguagens – ligadas à harmonização de imagens, cores, formas e sons; ao jogo de câmeras e edição; aos registros de língua; ao figurino, cenário, encenação –, manifestando-se estrategicamente através da sobreposição e inter-relacionamento de diferentes substâncias e formas de expressão, que servem simultaneamente para veicular outros sentidos.

7.4 Entre *tons,* subgêneros e formatos

A estreita relação entre o *tom* e os subgêneros e formatos é um outro aspecto que, pela relevância, merece uma atenta reflexão, visto que a atribuição tonal é uma deliberação que se refere ao privilégio àqueles traços indicadores do tipo de interação que um produto televisual pretende manter com o interlocutor, distinguindo-se de outros.

Tal relação parte, é verdade, das convenções de gêneros e dos regimes de crença por eles propostos, mas comporta também os apelos e convocações que cada produto faz aos seus interlocutores ao assinalar suas especificidades enquanto programa – subgênero, formato, estilo; configurações discursivas de seus atores e público consumidor; estratégias persuasivas empregadas para convencer o telespectador a participar do jogo comunicativo proposto.

As noções de subgênero e formato, à maneira de Foucault, têm por papel controlar os poderes e perigos do discurso, adonar-se de acontecimentos aleatórios. Correspondem, de certa forma, à manifestação textual dessas formações veiculadas pela mídia televisão, possuindo, dentre as regras que lhe são próprias, certamente aquelas referentes à agregação de determinados *tons* ao discurso genérico. Não se deve esquecer de que o *tom* é um dos mecanismos responsáveis pela configuração do poder discursivo.

Assim, se cada subgênero televisual atualiza, enquanto expectativa social ou prática de audiência, um *tom* principal ou uma combinatória tonal, no processo de realização de um subgênero televisual, não obstante, cada formato manifesta sua escolha tonal, expressa por uma determinada *combinatória de tons*, que passa então a identificar o programa. Desse modo, o *tom* de cada programa televisual é composto por elementos dados e elementos novos. Envia, obrigatoriamente, a combinatórias tonais pré-existentes, previstas pelo subgênero, mas reserva espaços opcionais para as novas combinatórias que passam, então, a identificá-lo enquanto formato.

O *tom*, como estrutura acionada pelo enunciador, compreende, então, a relação entre o que já está posto, é conhecido e preditível, – e, portanto, da ordem da cultura, da apreciação coletiva – e o que pode variar, sendo da ordem do intersubjetivo.

Mas, se cada programa busca sua identidade em determinados traços, dentre os quais certamente está o *tom*, resta um duplo desafio: descobrir a *combinatória tonal* adequada e zelar por sua manutenção no decorrer dos episódios, capítulos, temporadas, edições ou jornadas.

Em síntese, a proposição de um *tom* ou *combinatória tonal* para um produto televisual por parte de sua instância produtora/enunciadora orienta-se, como já se vem afirmando, por um feixe de relações representadas pela tentativa de harmonização entre o tema, o gênero/subgênero do programa, o público a que se destina e o tipo de interação que pretende estabelecer com o telespectador. Sua escolha, não obstante, nunca é neutra, procurando sempre fazer jus ao conjunto do real que quer dar a conhecer a partir de um ponto de vista singular.

Ocorre que, se nos processos comunicativos face a face, o enunciador tem um permanente *feedback* da adequação e receptividade do investimento tonal que está conferindo ao discurso enunciado, uma vez que pode presenciar as reações de seu interlocutor, realizando os ajustamentos necessários, na medida de sua intenção, em processos comunicativos como o televisual, a conferência de um *tom* deve ser cuidadosamente planejada, exatamente porque não existe essa possibilidade, quase simultânea, de retificação.

8 Convergência entre mídias: interferências na configuração do texto televisual

O mundo atual, fortemente tecnologizado, caracteriza-se pela permanente proposição de novas condições de produção de sentidos: houve, sem dúvida, nos últimos cem anos, um enriquecimento do olhar, uma aceleração do tempo, um maior controle da distância. E tais transformações implicam a presença de novas formas discursivas/expressivas e conceptuais que atravessam, sem pedir licença, todo o domínio cultural e midiático.

No que concerne especificamente à produção midiática, não lhe restou a menor possibilidade de ignorar a relação entre as imensas e velozes transformações sociais, econômicas e, principalmente, tecnológicas e o desenvolvimento e a crescente transformação dos processos midiáticos, cada um com suas especificidades, mas todos sôfregos para interagir: transpor, apropriar-se, *com*-vergir.

É preciso ter presente, não obstante, que a resposta a tal aspiração nem sempre é simples, pois as mídias – rádio, cinema, televisão, internet e outras – não só divergem entre si quanto ao modo de funcionamento, como se distinguem do ponto de vista das tecnologias que convocam para sua atuação.

Cada uma delas comporta:
- **um suporte**, representado pelo conjunto de meios técnicos que possibilitam que suas mensagens se constituam

enquanto matéria textual capacitada a cumprir sua função comunicativa, mobilizando, para tanto, os diferentes mecanismos necessários à produção, transmissão, circulação, consumo, interação e mesmo o retorno de seus textos-mensagem. Vale observar que os distintos suportes precisam estar em perfeita sintonia com as plataformas, pois afetam diferentemente a percepção dos receptores;

- **uma plataforma** física ou virtual, adequada ao suporte e à mídia que representa, servindo de base para postagem e veiculação dos textos-mensagem;
- **a(s) tela(s)**, representada(s) pelos espaços disponibilizados pela plataforma para exibição/visualização dos textos-mensagem;
- **os dispositivos**, representados pelo conjunto de aparelhos analógicos e/ou digitais, fixos ou móveis, que possibilitam formas diversas de consumo dos textos-mensagem e, se possível, a interação entre os sujeitos emissores e receptores.

A televisão, é preciso que se diga, ao entrar no ar, já dispunha de suporte contando com tecnologias que lhe confeririam a possibilidade de captação e transmissão direta de sons e imagens em sincronia com sua recepção por parte dos telespectadores, ou seja, em tempo simultâneo ao de sua ocorrência. Mas claro está que a produção televisual gravada ao vivo e transmitida em tempo real, além de competência, exigia muito tempo de planejamento, centrado em fases anteriores à própria realização dos produtos – preparação de roteiros, cenários, dramatização, entre outras. Era essa organização minuciosa que, ao vencer as restrições advindas da captação/gravação ao vivo e de sua simultânea exibição, garantia a qualidade dos programas.

8.1 Sobre os avanços tecnológicos do suporte: restrições e soluções

A televisão sempre encarou de frente as restrições que o meio/suporte atualizava, mas nunca se deu por vencida, procurando, no transcurso destes setenta anos de existência no país, soluções para responder aos desafios e limitações decorrentes das tecnologias por ela empregadas.

O desenvolvimento de técnicas de gravação em *tape* e de edição, por exemplo, assegurou à produção televisual a possibilidade de correção de falhas em distintas etapas do processo de realização de seus produtos, anteriores mesmo à sua exibição, permitindo-lhe então a aposta em novos gêneros e formatos, a proposição de narrativas mais complexas e próximas do cotidiano da população.

Uma outra restrição advinha do fato de sua aparelhagem técnica de transmissão funcionar analogicamente e, em consequência, com baixa resolução. Em razão disso, a televisão via-se impelida a privilegiar formas de captação de imagens que evitassem a profundidade de campo, pois, caso contrário, elas perderiam a nitidez. Tal opção levou-a a operar preferencialmente com enquadramentos em planos médio ou fechado, marcas registradas de sua estética, ainda que hoje essa prática venha se alterando com os recursos ora aportados pela televisão digital.

A televisão digital chegou ao Brasil apenas em 2007: com alta resolução de imagem e nitidez de som, ela trouxe consigo inúmeras vantagens, permitindo uma maior definição das imagens e a consequente possibilidade de aumento do campo visual oferecido ao telespectador. Tais avanços, não obstante, passaram a exigir mais ainda de sua instância de produção, obrigando-a não só a dedicar maior atenção a detalhes que antes passavam despercebidos, como a fazer um maior investimento em cenários mais amplos, que abrangessem todo esse campo visual agora disponibilizado pela plataforma ao público telespectador. Além da imagem, a transmissão de som também foi aperfeiçoada, pois, ao invés de dois canais (estéreo e mono), a televisão passou a contar com seis (modelo *Dolby Digital*), podendo fazê-lo chegar aos ouvidos do telespectador com a pureza de um CD musical.

Mas, mais do que tais avanços do ponto de vista da transmissão de imagens e sons, a digitalização permite ainda o registro, a edição, a combinação, a manipulação de toda e qualquer informação, por qualquer meio, em qualquer lugar, a qualquer tempo. E, além dessa multiplicação de alternativas – de mobilidade, de liberação de espaços e de tempos rígidos, previsíveis, determinados –, possibilita a reprodução do mundo físico em diferentes plataformas digitais e a operação com formas físicas e/ou virtuais, ou seja, a articulação entre esses dois mundos, além da interação com o telespectador na mesma plataforma.

Ora, essa é uma outra restrição que, durante muito tempo, constrangeu a produção televisual – **seus modos de enunciação** –, relacionando-se ao fato de as instâncias de produção e recepção dos produtos televisuais nunca se fazerem presentes no próprio produto, ficando sempre *aquém* ou *além* das câmeras. Essa impossibilidade, aliás, como já se vem destacando, determinou a adoção de inúmeras estratégias que foram sendo agregadas à *gramática* do televisual, tais como: (a) a contínua enunciação de sua enunciação, isto é, o permanente simulacro de seu ato comunicativo, visto que os múltiplos sujeitos envolvidos nesse tipo de processo produtivo nunca se faziam presentes no produto; (b) a permanente necessidade de configuração discursiva do outro grande ausente, o telespectador, de quem a televisão *dizia* constantemente da posição presumidamente por ele assumida, uma vez que ele próprio, além de estar ausente, não tinha condições de visibilizar, através do próprio meio, sua mensagem-resposta. Assim, enunciadores e enunciatários ficavam invisíveis na comunicação televisual, embora não fossem, evidentemente, inexistentes.

A apresentação dos bastidores, dos sets; a gravação ao vivo com ausência de edição; a transmissão direta, em tempo real; a delegação de voz, pelo deslocamento de sua *fala* aos apresentadores, âncoras, repórteres, entre outros; a simulação de uma relação direta com os telespectadores através da conversão destes últimos em parte do espetáculo (programas de auditório); a recorrência, mais proximamente, a outros meios – telefonia celular, internet, permitindo aos telespectadores a utilização de outras formas de mediação para se expressarem – são, todas elas, diferentes modalidades de configuração dessa *enunciação-enunciada*.

Mas as novas tecnologias, ao oferecerem atualmente inúmeras possibilidades de convergência com outras mídias/plataformas e de interação com os telespectadores, colocam em xeque não só os modelos textuais até então adotados pela televisão, como sua própria *gramática* de formas de expressão, devido às profundas repercussões de sua atuação sobre a produção televisual como um todo. Daí por que, frente a esses avanços, representados, em particular, pela internet/web, o mercado televisual entrou em estado de alerta, sentindo-se ameaçado de perder o controle absoluto que até então detinha sobre uma produção que, com tanto afinco, se dedicou a construir – as narrativas televisuais.

Mais ainda, é fato inquestionável que, frente à disponibilização dessas alternativas tecnológicas, os hábitos e as relações dos consumidores com o meio vêm-se alterando. Assim, embora a televisão ainda constitua o meio de informação e entretenimento mais consumido no país, ela vem, sem dúvida, sendo constrangida a partilhar o comando incondicional que antes exercia sobre seu público, visto que seus virtuais telespectadores, principalmente os mais jovens, parecem hoje bastante dela desinteressados, ameaçando, com isso, a própria sobrevivência de seu negócio, pela interferência direta na sua relação com os anunciantes.

Na tentativa de manter e fidelizar seu público consumidor, as emissoras de televisão, ao invés de ignorarem as novas tecnologias ou de a elas se oporem, optaram por adequar e qualificar seus produtos, incorporando aquelas possibilidades tecnológicas que mais diretamente interferem no seu domínio. Mais ainda, procuraram não só agregar as contribuições advindas das novas mídias e tecnologias, como delas se apropriar, canalizando-as em prol de um melhor desempenho da tarefa que arrogaram para si, lançando mão, na construção de seus textos, de diferentes alternativas de convergência com outras mídias: trata-se, entretanto, de propósito bastante ambicioso e complexo.

Dessa forma, se a baixa resolução do analógico levou os textos televisuais a evitarem a profundidade de campo; se a impossibilidade de visibilizar a interação levou o texto televisual a simular *efeitos* de interatividade, hoje a televisão dispõe de recursos para aumentar o campo visual, para colocar o telespectador no ar, na tela. Resta saber se essas alternativas verdadeiramente lhe interessam, pois, apesar de todo o desenvolvimento tecnológico, não só suas plataformas/telas de exibição são de diversos tamanhos, como ela continua funcionando, na maior parte das vezes, em mão única, sem ultrapassar o nível dos efeitos no que concerne a uma real interação com seus receptores, os telespectadores.

8.2 Sobre digitalização e interatividade

Uma interpretação bastante abrangente do que se entende por televisão interativa a confunde, por vezes, com a televisão digital. Mas, é preciso que se diga, embora o senso comum atribua à televisão digital o mérito de pressupor a interatividade, uma coisa independe da outra.

Primeiramente, convém lembrar que a interação mediada por equipamentos eletrônicos já acontecia, mesmo que de forma indireta, na televisão analógica. Mais ainda, pode não haver interatividade mesmo na televisão digital: a televisão interativa não se restringe à digitalização, ela convoca, isto sim, fatores humanos intrínsecos à recepção, dizendo respeito à percepção e ao relacionamento do indivíduo com o meio. Trata-se de alterações sociais, mediadas pelas tecnologias em rede, que pressupõem formação, em todos os níveis e de todas as formas, para que o telespectador possa delas se utilizar.

Acontece que os telespectadores estão habituados a um modelo passivo e bem-sucedido de televisão, que oferece tudo pronto, aparentemente de graça. Ora, a interatividade exige uma atitude muito mais ativa, investigativa, inovadora, além de uma educação de qualidade e espírito crítico para se poder operar com escolhas mais abrangentes.

Mas, sem dúvida, o aspecto distintivo mais relevante da televisão digital é seu potencial de interatividade. Mais do que qualidade, quantidade ou portabilidade, esse potencial de interação altera a maneira como o telespectador assiste à televisão, acrescendo-a de transitividade.

As vantagens da tevê digital são bastante conhecidas: alta definição, multiprogramação, interatividade e mobilidade. Traduzindo: a alta definição significa maior resolução de imagens e mais canais de áudio; a multiprogramação significa que vários programas podem ser transmitidos ao mesmo tempo em um mesmo canal; a interatividade significa deixar de ser um espectador passivo e poder interagir com a programação; e a mobilidade significa poder levar tudo isto para qualquer lugar, com um PDA ou um telefone celular, por exemplo[24].

Assim, a concepção de televisão interativa vem-se modificando ao longo da história da televisão, estando estreitamente ligada à evolução tecnológica do meio e das estratégias de mercado referentes ao surgimento de novos equipamentos de captação, manipulação e consumo de mídias audiovisuais ou de algum outro serviço convergente disponível: há, consequentemente, diversos modos de se compreender e classificar a interação televisual. Na literatura internacional, tais caracterizações costumam estar relacionadas ao uso das tecnologias envolvidas na produção, aos gêneros de programação, aos tipos de serviço, aos níveis de imersão, entre outros.

---

[24] http://www.rnp.br/noticias/2007/not-071025a-coord01.html.

Uma coisa, todavia, é certa: o diálogo crescente com o virtual confere ao telespectador/usuário inúmeras oportunidades de interação, tal como faz com a internet, com a diferença de que hoje ele pode dispor, em um único suporte, de acesso à programação televisual e aos serviços da grande rede, tais como *e-mails*, *chats*, navegação, etc. A integração do sistema clássico da televisão com o mundo das telecomunicações instrumenta a televisão digital para a interatividade: com essa possibilidade de convergência entre as mídias, tudo pode ser divulgado; todos, em princípio, podem ser produtores e consumidores de informação.

Por tais razões, a ideia de interatividade está presente na maioria das discussões sobre tecnologias digitais de informação e comunicação. Sua definição, em geral, segundo Casella e Teixeira (2007), abriga os diferentes modos de o usuário se sentir no controle daquilo que consome; de estar imerso em um ambiente, relacionando-se com pessoas e sistemas ou simplesmente respondendo a estímulos básicos. A essa possibilidade de participação do telespectador no processo de comunicação, convencionou-se denominar **mídia interativa**, ou seja, toda aquela que se desprende do modelo *um para muitos*, permitindo certa participação do receptor, mesmo que a ação interativa seja apenas uma percepção de seu ponto de vista.

De qualquer forma, não se trata apenas de uma mera evolução tecnológica da tevê analógica, mas da oferta simultânea de novas plataformas de comunicação que conferem um canal de retorno ao receptor. Tudo leva a crer que essa evolução, com o uso da internet e do celular e de muitas formas de navegação, escolhas e interação, obrigue a televisão a ser muito mais participativa, ou seja, a oferecer, a médio prazo, formas de relacionamento mais abrangentes e efetivas para não perder seu mercado consumidor.

O telespectador/usuário pode utilizar-se de diferentes combinações dessas potencialidades coordenadas pela instância emissora, ou abrir-se a novas composições, dependendo de seu interesse. Mas, como já se ressaltou, essa nova maneira de interação com a televisão exige conhecimentos técnicos por parte desses telespectadores que passaram também a usuários, para que possam se relacionar de forma mais ativa com o meio, ou seja, personalizando a recepção. Por outro lado, ela requer dos produtores um maior cuidado na oferta e manuseio dos conteúdos.

Merece destaque ainda o fato de que, em decorrência das potencialidades adquiridas pelo meio, o texto televisual, ao estruturar suas narrativas, pode atualmente operar com temporalidades bastante distintas. Diferentemente, por exemplo, do cinema, que encurta radicalmente a realidade do tempo do relógio, estando impedido de fazer coincidir a duração putativa dos acontecimentos da vida real, a televisão, em muitas de suas produções, não mais se obriga a projetar um tempo, mas, em muitas de suas narrativas, o faz coincidir com o cronológico e/ou real.

Em síntese, todos esses movimentos de convergência acarretam profundas transformações no tratamento do tempo e do espaço: tradicionalmente a televisão vem operando com uma serialidade que dá conta da expansão textual no tempo; a convergência, via de regra, atua expansivamente no espaço, promovendo uma proliferação exagerada e veloz de conteúdos de todas as ordens.

8.3 Sobre a convergência midiática

A convergência midiática é um processo de recorrência e agregação de recursos que se dá em distintas direções, indo das meras transposições de conteúdos e modelizações discursivas e textuais à apropriação de suportes/tecnologias empregados por diferentes mídias, que se manifestam sob distintas modalidades.

Cabe ressaltar, antes de tudo, que, na construção de seus programas, a televisão desde sempre recorreu a formas de convergência representadas por simples transposições de sentido, ou seja, pela recuperação de textos veiculados por outras mídias – imprensa, rádio, cinema –, operando, principalmente, através da adaptação de narrativas, de *remakes* e/ou da referência a outros discursos. Assim, no que concerne às transposições de sentido de conteúdo, os processos de convergência midiática sempre aconteceram entre as mídias tradicionais, ainda que não envolvessem diretamente questões relativas à sua forma de expressão e aos equipamentos tecnológicos convocados para sua feitura, veiculação e exibição.

Tais transposições de caráter inter e metadiscursivo atualizam, do ponto de vista temporal, questões referentes à *anterioridade/posterioridade* das produções; e, do ponto de vista espacial, à *condensação/expansão* de linguagens, mídias, suportes, plataformas.

A forma como se produz, veicula e consome televisão é, contudo, bastante distinta daquela adotada por outras mídias. Daí por que, embora essas plataformas se utilizem do sonoro e do visual para construir textos, elas os *em-formam* diferentemente, obedecendo a sistemas de regras específicos.

Mas a convergência, tal como aqui é concebida, configura-se como um processo evolutivo que não só integra diversas mídias e tecnologias, como está atento ao surgimento de novas opções, o que é sempre desafiante e desestabilizador: desafiante, porque somente o uso pode fornecer o conhecimento de suas potencialidades e permitir sua apropriação, estabelecendo, com isso, novos contornos da *gramática* do televisual; desestabilizador, porque, se, a princípio, parte das normas e regras de outras mídias, deve encontrar seu próprio percurso e, logo a seguir, fornecer estratégias e recursos para que, então, sejam incorporados pela televisão.

É que, hoje, a convergência midiática diz respeito também à recorrência e apropriação de diferentes **suportes/plataformas**, ou seja, de um conjunto de meios técnicos advindos de outras mídias, mobilizado para a realização, veiculação, exibição e consumo de programas televisuais.

Como o foco de atenção da presente reflexão são as repercussões das tecnologias digitais na estruturação do texto televisual, o tipo de transposição/apropriação que interessa analisar diz respeito à recorrência a múltiplas plataformas para a produção/veiculação/consumo dos produtos televisuais. Trata-se, dessa maneira, de um procedimento de convergência que confere ainda maior complexidade aos textos televisuais, visto que à tradicional articulação das diferentes linguagens sonoras e visuais se soma a ação de novas tecnologias e dos mais recentes contextos de produção e consumo dos produtos televisuais.

No estágio atual de desenvolvimento, **quando a convergência fica sob o comando do texto televisual**, a interferência das atuais tecnologias no modo de contar as narrativas televisuais pode se dar através de movimentos de condensação e/ou expansão dos relatos, apresentando-se sob duas variantes: (1) a **inerência**, na qual está em jogo a condensação, isto é, a interiorização da articulação entre o produto e a(s) plataforma(s) apropriada(s), ficando a relação restrita aos limites do texto televisual; (2) a **aderência**, na qual está em jogo a expansão, ou seja, a exteriorização da articulação entre o produto e a(s) plataforma(s) apropriada(s), ultrapassando os limites do texto televisual em direção a seus desdobramentos em outras mídias.

Dessa forma, os produtos televisuais hoje podem lançar mão de tecnologias advindas de outras mídias em seu processo tanto de realização como de exibição em outras plataformas; podem convocar essas outras plataformas para atuarem no interior de seus textos, via inserção na própria trama narrativa e/ou na interação com o telespectador; podem ter suas narrativas expandidas nessas outras plataformas.

A aderência, ao romper com os limites do texto televisual – quer na mesma plataforma, quer em outras plataformas –, marca sua presença no diálogo com as demais mídias – jornais, revistas, publicidade, quadrinhos, internet, com seus *blogs*, *twitters* e outros –, não apenas fornecendo informações sobre um dado produto televisual, suas personagens ou os próprios atores, como possibilitando a interferência dos usuários sobre ele. Há formas de expansão **promovidas, mantidas e controladas** institucionalmente pelas próprias emissoras de televisão, que permitem aos telespectadores/internautas acompanhar, em páginas exclusivas, o desenrolar de emissões, capítulos ou episódios de programas, reservando-lhes ainda um espaço para opiniões e críticas. Outros tipos de expansão referem-se a possibilidades de interferência, muitas vezes promovidas indiretamente pelas emissoras, mas que são decorrentes do livre engajamento dos telespectadores/usuários.

Assim, dentre as formas de expansão, existem aquelas instigadas, alimentadas e controladas institucionalmente pelas emissoras ou conglomerados midiáticos, com vistas à divulgação e promoção dos produtos televisuais; e aquelas decorrentes do livre engajamento dos telespectadores/usuários. Quando a própria televisão é quem mobiliza esse conjunto de suportes/plataformas/dispositivos tecnológicos advindos de diferentes mídias, com vistas à realização, veiculação e/ou consumo de seus produtos, ela sobrepõe-se às demais envolvidas, cabendo-lhe definir, como lhe convém, as regras a partir das quais tais interações podem ocorrer.

Segundo Lacalle (2010), a relação da televisão com as novas tecnologias tem um caráter orgânico, pois as extensões dos relatos-matriz aos novos suportes/plataformas – internet, videogame, telefone celular –, integradas **em** e **com** os próprios programas, produzem formas narrativas que, muitas vezes, ultrapassam o âmbito do próprio meio. Essa multiplicidade de textos que dá continuidade às narrativas televisuais, recontadas e disseminadas sob diversas óticas e distintas plataformas, hierarquiza, muitas vezes diferentemente, a estrutura dessas histórias, seu sistema de personagens, estabelecendo até mesmo novos tipos de serialização: aqueles sobre os quais o telespectador detém o comando. Os hipertextos resultantes dessas interações narrativas transmidiáticas têm a capacidade de absorver e de transformar elementos de todos os espaços midiáticos convocados, sendo essa recorrência um dos principais recursos de renovação da ficção televisual.

Nessa interconexão entre a televisão e as novas tecnologias, há frequentemente a conversão dos espaços da internet em verdadeiras extensões dos programas. Hoje praticamente inexistem produtos televisuais que não experimentem o *online*, originando, com isso, prolongamentos institucionais e/ou particulares: *sites*, *blogs*, *twitters*, portais, histórias complementares ou até miniepisódios. Tudo ganha validade se atrair o telespectador/usuário para essa gama infinita de *paratextos* constituídos pelas modernas narrativas transmidiáticas. Além disso, a internet permite à televisão construir uma oferta expandida – DVDs, CDs e todo tipo de produto –, dependendo das demandas e/ou preferências do telespectador. Os internautas, por outro lado, passam a compartilhar interpretações mediante a contínua construção e desconstrução de comunidades interpretativas que se conformam e se deformam com a mesma velocidade com que se sucede a maior parte dos programas (Lacalle, 2010, p. 12).

Nessa dispersão sistemática por diversas plataformas, cada meio desempenha uma função, respondendo a interesses econômicos diversos. Assim, não se trata de contar a mesma história, não se trata de redundâncias: a ideia da reunião de fragmentos é substituída pela de desdobramentos que organizam, de outra forma, o fluxo das informações, a venda e o consumo de diferentes produtos.

Vislumbra-se até mesmo uma nova fase, caracterizada pela apropriação dos textos televisuais por parte da recepção, substituindo a identificação e a projeção pela real produção de significação.

Os investimentos mais recentes da televisão vêm-se direcionando à oferta de maiores opções ao telespectador/usuário quanto ao modo de consumo e interação com suas narrativas. O propósito é garantir uma mobilidade que possibilite ao consumidor definir **onde** e **em quais telas** quer se relacionar com as histórias veiculadas pela televisão. Até porque as formas de consumo dos produtos televisuais se ampliaram: já não se precisa mais estar em casa para assistir televisão, telefonar, escutar música, enviar *e-mails* ou participar de um *chat*. Há a possibilidade de se estar em permanente contato na condição de participante dessas diferentes redes.

A verdade é, segundo quem divulga por aí a oferta de tais serviços e vende tais tecnologias, que os consumidores querem *multitelar* – isto é, dispor, a seu sabor, **da televisão** com um enorme telão na sala; **do celular** com uma tela de altíssima definição em outros tantos lugares; **do tablet** que não reflete luz; e **dos computadores** com diferentes dimensões de tela –, quando lhes aprouver. É só pensar no contexto brasileiro atual, em que adultos e crianças gastam muitas horas diárias interagindo com conteúdos veiculados em diferentes telas, para se saber a relevância dessa delegação do poder de escolha ao consumidor, que então pode decidir **quando**, **onde** e **como** vai acessar cada uma dessas telas.

Assim, a par desses movimentos de **inerência** e **aderência** que ocorrem em torno da construção de um texto televisual, os produtos televisuais podem ser atualmente exibidos e consumidos em diferentes telas, ou seja, através de diferentes dispositivos – telefone, computador, *iPod* –, o que comprova o fato de que a convergência midiática não se dá apenas no âmbito da produção, mas também no de sua veiculação e consumo. Mas, atenção!: tanto mais um produto se utiliza das diferentes possibilidades tecnológicas advindas de outras mídias, mais elas interferem no seu processo de produção.

Sim, como não poderia deixar de ser, a incorporação desses novos suportes, plataformas, dispositivos e multiplicidade de tamanhos de telas passa a interferir diretamente no modo de estruturação dos produtos televisuais, nas deliberações tomadas quanto ao modo de contar a narrativa, na busca de modalidades mais interativas, da mesma forma como aspectos específicos da *gramática* televisual acabam por atuar na estruturação desses outros textos convocados.

Dessa maneira, todo esse movimento convergente, na busca de corresponder ao perfil do consumidor contemporâneo tal como é percebido em suas interações sociais, em suas formas de consumo e em suas relações com as tecnologias do momento, ultrapassa em muito os aspectos tecnológicos, ganhando, com isso, contornos de caráter cultural e mesmo econômico. Cultural, porque reflete o desenvolvimento de uma dada sociedade, com seus modismos e estilo de vida. Econômico, porque responde a interesses de grandes conglomerados midiáticos e empresas de tecnologia de ponta.

8.4 Dos jogos multitelares

É nesse contexto ainda recente de convergência entre mídias que surge a expressão *multitelar*, de pronto adotada pelas emissoras de televisão e telespectadores/usuários.

Multitelar é um termo estreitamente ligado à convergência tecnológica midiática, comportando diferentes acepções, ainda que todas elas convivam em um mesmo contexto de uso, podendo significar:

a) **a busca, feita pelos telespectadores**, de informações adicionais, via internet, em relação aos conteúdos veiculados pela televisão, possibilitando navegar, votar, denunciar, recomendar, comprar, participar e/ou interagir com os amigos;

b) **a opção, oferecida aos telespectadores pelas próprias empresas de televisão, de interferirem na tela de**

exibição de um programa, abrindo *janelas* para verificar o andamento de outras emissões, para assistir simultaneamente a duas atrações veiculadas por canais diferentes, alterando e invertendo, quando lhes interessa, o tamanho das telas, via controle remoto, pois a meta das empresas é incentivá-los a se exercitarem em mais de uma tela;

c) **a convocação de telas realizada pela própria televisão no interior de seus programas**, com vistas a vencer o tempo e a distância, inserindo, nos textos que produz, outras vozes, outros relatos, inclusive os dos telespectadores;

d) **a escolha, realizada pelos usuários, frente às virtuais possibilidades** que lhes são ofertadas, do dispositivo em que querem assistir a determinado conteúdo.

Mas, em que pese as distinções de sentidos atribuídos à expressão *multitelar*, qualquer um deles, para se realizar, depende, em decorrência das novas tecnologias, das inúmeras possibilidades de inerência e/ou aderência aportadas pela convergência midiática.

No que concerne à convocação de telas para o interior do texto televisual, há, em seu manejo, todo um investimento de sentidos, agregando valores e relevância aos conteúdos veiculados. Os diferentes telejornais diários e alguns programas de auditório são um bom exemplo desses jogos entre tempos, espaços e telas que, nesse caso específico, se dão no interior dos próprios textos televisuais.

Não há dúvida, reitera-se, de que a televisão, ao contar suas histórias, vem procurando não só agregar contribuições advindas das novas mídias e tecnologias, como se apropriar de suas potencialidades, canalizando-as em prol de um melhor desempenho da tarefa que arrogou para si. Daí sua busca frenética por novos modelos, estratégicos, que lhe permitam continuar senhora das narrativas, fundada também no pressuposto de que os telespectadores, além dos programas propriamente ditos, vão assistir, nessa multiplicidade de telas oferecidas, às peças publicitárias de anunciantes e patrocinadores: a intenção é estimulá-los a experimentar, em todas as telas, a enorme variedade de conteúdos promocionais oferecidos.

O aprofundamento da reflexão sobre esses modelos que vêm sendo propostos pela televisão deve permitir uma avaliação das repercussões e interferências do *multitelar*, em seus diferentes sentidos, sobre a construção do texto televisual.

8.5 Das alterações em curso

A articulação entre a televisão e as novas mídias têm, sem dúvida, alterado o modo de conformação, estruturação e normas de produção dos textos televisuais, da forma de condução de seu processo narrativo.

As narrativas veiculadas pela televisão ganharam, com certeza, maior amplitude com a concorrência simultânea de outros suportes, plataformas e telas e, com eles, a agregação de novos cenários, espaços, tempos, atores, o que, de certa forma, dificulta, até mesmo, a definição de seus limites e de seu âmbito de atuação. Os textos televisuais passaram a estabelecer relações bastante difusas, pois há um apagamento deliberado das linhas claras de demarcação entre o que é intra, inter ou paratextual.

Essa possibilidade de multitelar em diversas direções, de adentrar em distintos mundos, de participar de diferentes narrativas concomitantes, faz com que os textos televisuais ultrapassem seus limites formais, demonstrando e apontando inúmeras suplementaridades.

Já no que concerne à televisão digital, trata-se de uma imposição em curso da indústria televisiva, mas sua implantação em termos de interatividade é questão bastante complexa. Os empresários brasileiros do setor parecem não ter ainda decidido sobre o modelo de negócios a ser adotado para a televisão digital. No momento, está-se frente a investimentos bilionários, sem aparentemente nenhuma vantagem para as emissoras de televisão ou para a maioria do público. Corre-se o risco de a televisão digital seguir os mesmos padrões da analógica.

Daí a importância de uma reflexão sobre essa nova tecnologia em fase de instauração: a televisão digital surge como uma proposta de inovação do modelo televisivo atual, aliando melhorias consideráveis quanto à transmissão de imagens e sons, bem como quanto às suas possibilidades de convergência e integração com outras mídias.

Cada um desses avanços tecnológicos provoca, sem dúvida, toda uma reacomodação da *gramática* televisual: novos subgêneros, novos formatos, novas formas de expressão, novas possibilidades, novas restrições. Dessa forma, a *gramática televisual*, como, aliás, qualquer uma das demais *gramáticas midiáticas*, está em permanente construção. E, agora, há ainda o telespectador que, sem dúvida, terá muito a acrescentar. Daí a importância hoje de se investigar a gramática televisual em suas condições de uso, em seu investimento nos circuitos de sentido, nas redes de sociabilidade.

Ainda uma outra questão, talvez a mais relevante, é saber até que ponto os programas e serviços televisuais estão verdadeiramente dispostos a abrir espaço, a abdicar de seu poder, operando alterações significativas quanto aos formatos e conteúdos ofertados, quanto às possibilidades virtuais de participação oferecidas aos telespectadores/usuários. Se a opção for esta, haverá certamente a necessidade de aprender a produzir nesse novo contexto, de saber como melhor utilizá--lo e dominá-lo tecnicamente, para melhor dele usufruir.

O futuro da televisão está, assim, diretamente ligado à produção de conteúdos, à proposição de novos subgêneros e formatos que, com a digitalização, possam ser realizados de forma muito mais rica e participativa. É evidente que as emissoras tentarão manter o controle sobre os conteúdos ofertados; entretanto a concorrência entre elas será grande. Mas, atenção!: se puder, a televisão continuará ditando o lazer das pessoas e detendo o controle sobre o meio, sem que isso represente efetivamente grandes ganhos em relação ao seu modo de funcionamento tradicional.

9 Horizonte metodológico

Preliminares

As reflexões desenvolvidas e, por vezes, insistente e intencionalmente reiteradas ao longo deste livro, ganham aqui o estatuto de premissas e/ou pressupostos que as capacitem ao desempenho de uma função pragmática: a de servir como horizonte-referência para o estabelecimento dos princípios norteadores de uma metodologia de análise dos textos televisuais, a cada vez única, pois distintos são os objetivos de cada investigação, mas sempre ao abrigo da Semiótica Discursiva de inspiração europeia, na esteira de Saussure (1916), Hjelmslev (1972; 1975; 1976), Greimas (1973; 1975; 1976; 1979; 1981; 1993; 1999; 2002; 2013; 2014), Barthes (1964; 1982; 1985; 2012) e demais estudiosos que vêm dando prosseguimento às suas investigações, aqui direcionadas ao exame dos textos televisuais.

Tais premissas referentes ao televisual, em parte, reúnem e sistematizam todo um percurso de investigação que vem sendo por mim realizado ao longo dos últimos vinte anos[25], compreendendo um permanente *ir e vir* entre teoria, metodologia e prática analítica que passa pela revisão, ampliação e adequação de conceitos de caráter instrumental em relação à análise e interpretação dos produtos televisuais.

Essa pretensão de investigar a produção midiática televisual enquanto texto – em suas condições de uso, em seu

---
[25] Este percurso registrado em livros e artigos foi citado na nota n. 85.

trajeto nos circuitos de sentido e reinvestimentos nas redes de sociabilidade – considera também as inovações tecnológicas que permeiam a trama de agenciamentos articuladores de sujeitos, figuras e mundos possíveis; as tendências de permanência, suspensão, reversão e transformação das relações textuais e, por tabela, das expectativas sociais, das implicações institucionais.

Tal intento se deve à indiscutível relevância da televisão, à sua presença generalizada e diversificada, ao inevitável e permanente contato da população em geral com os produtos televisuais, que, para além das relações comunicacionais e semióticas que contraem, atualizam e testemunham aspectos históricos, sociológicos, psicológicos, políticos, econômicos, entre outros.

A abrangência de tal pretensão parte, como já se referiu, de algumas premissas e pressupostos desenvolvidos ao longo das seções deste trabalho então aqui relacionados à adoção de determinados princípios descritivos que, para além da indicação de procedimentos, possibilitem o reconhecimento dos distintos textos televisuais em suas especificidades, aproximando-os entre si por suas semelhanças e distinguindo-os dos demais por suas especificidades.

Assim, a metodologia a ser empregada na descrição dos textos-mensagem televisuais deve ser coerente, isto é, não contraditória em relação aos fundamentos teóricos que serviram de base à caracterização dos textos televisuais, já insistentemente apresentados nas seções anteriores; adequada aos objetivos de investigação proposta e, como ensina Hjelmslev (1975, p. 21), *tão simples quanto possível.*

9.1 Das premissas e pressupostos

Os processos midiáticos televisuais, vale mais uma vez destacar, dizem respeito à comunicação humana mediada pela **televisão**. Eles comportam instâncias produtoras e receptoras, com os respectivos sujeitos envolvidos e os cenários amplos e restritos que as enformam; os próprios suportes e meios técnicos empregados na produção, circulação e consumo das mensagens; os produtos frutos desse processo, os textos televisuais; e a complexa rede de relações estabelecida entre as diferentes linguagens empregadas em sua manifestação.

Assim, reafirma-se, guardando coerência com o que foi tantas vezes reiterado nas seções precedentes, que:

(1) Os **produtos televisuais** mantêm estreita relação com o processo comunicativo que os engendra e constitui, cujas características particulares têm repercussões sobre seus conteúdos e linguagens;

(2) Os **produtos televisuais** são aqui concebidos como **textos**, isto é, como a manifestação de um processo de produção de significação e sentidos, ou seja, da função contraída entre seus dois planos – expressão e conteúdo e, no interior de cada plano, entre forma e substância –, podendo utilizar-se das mais diversas substâncias para sua expressão;

(3) Os **textos televisuais**, considerando a ordem lógica, formal, emocional ou moral que encerram, articulam-se em um universo próprio, industrialmente construído, mundo--mercadoria, visto que as emissoras de televisão oferecem, como qualquer outra empresa privada ou mesmo estatal, seus produtos ao mercado;

(4) Os **textos televisuais** são complexos, ou seja, seu conteúdo se expressa simultaneamente através da articulação de

diversas linguagens sonoras e visuais, sobredeterminadas pelos meios técnicos que passam então a funcionar como linguagens; constroem-se, dessa maneira, de forma intersemiótica;

(5) Os **textos televisuais** são híbridos, ou seja, submetem-se à interferência e à sobredeterminação de seus próprios meios técnicos de produção, circulação e consumo de mensagens, além de se deixarem contaminar por aqueles transpostos e apropriados das demais mídias. Esse constructo tecnológico funciona como uma linguagem que sobredetermina as sonoras e visuais convocadas para sua manifestação; constroem-se, dessa maneira, a partir de distintas formas e níveis de **hibridação**;

(6) Os **textos televisuais** se configuram intratextualmente a partir das relações contraídas entre expressão e conteúdo, forma e substância, podendo convocar e articular diferentes linguagens para sua manifestação;

(7) Os **textos televisuais** contraem relações intertextuais de duas ordens: as de caráter paradigmático, ou seja, com outros textos que lhes servem de modelo; as de caráter sintagmático, ou seja, com outros textos que os precedem e/ou sucedem na cadeia e com os quais mantêm diálogo;

(8) Os **textos televisuais** contraem relações paratextuais com seu entorno, ou seja, com o seu contexto enunciativo e comunicativo;

(9) Os **textos televisuais** são distintos dos sujeitos que os produzem e/ou consomem; em verdade, testemunham não só sua ausência, como também a da coisa ou referente. Mas, evidentemente, existem um *aquém* e um *além* dos textos, que os transcendem e constituem seu processo de enunciação, não podendo ser deles dissociados, não só porque os impregnam, tornando difícil essa segmentação, como também porque uma

segmentação forçada deixaria escapar muitos dos sentidos textuais: enunciação e significação são termos indissociáveis;

(10) Os **textos televisuais** reservam, assim, ostensivamente espaços para os interlocutores, enunciadores e enunciatários, participantes do processo, visto que a comunicação televisual é contratada entre diferentes sujeitos. Embora se discuta a função do receptor nesse tipo de processo, bem como suas possibilidades interativas, não se pode esquecer da relevância conferida pela televisão aos enunciatários, não por delicadeza ou simpatia, mas porque eles são os consumidores de seus produtos. Nos textos televisuais, os sujeitos da comunicação não são mera pressuposição, mas elementos essenciais à emergência da significação e sentidos;

(11) A **comunicação televisual**, ao longo dos anos, foi ganhando contornos bem definidos, envolvendo uma multiplicidade de aspectos e áreas de conhecimento, o que dificulta, muitas vezes, sua delimitação, ou seja, o estabelecimento dos níveis de pertinência de qualquer análise a ser empreendida;

(12) Os **textos televisuais** estruturam-se obedecendo às regras de uma espécie de *gramática* do meio, responsável por sua forma de organização, que adota um modo particular de *contar* as narrativas, aquele que é próprio da televisão, dependente de seu modo de funcionamento e das possibilidades advindas de seus meios técnicos de produção, circulação e consumo;

(13) O **processo de produção/realização** dos textos televisuais faz especial atenção à seleção e adequação das estratégias comunicativas/discursivas e dos mecanismos expressivos, escolhidos em função de serem apropriados à mídia televisão. E o meio dispõe de todo um arsenal de procedimentos para

impor ao receptor sua interpretação dos acontecimentos representados.

9.2 Dos distintos direcionamentos da textualidade

As premissas e pressupostos aqui apresentados reiteradamente evidenciam que a descrição de um texto televisual não pode ficar condicionada aos seus limites restritos; ao contrário, deve, sim, sair desse enquadramento formal em busca do excedente, ou seja, de sua **textualidade**.

É que o texto televisual transborda seus limites, procedendo a um apagamento das linhas claras de demarcação entre o que faz parte de sua **intratextualidade**, **intertextualidade** ou **paratextualidade**. E somente a consideração do texto em sua textualidade pode produzir um conhecimento mais preciso sobre sua significação e sentidos, permitindo sua leitura e compreensão. Essas estruturas de significado que acompanham o texto, determinando-o e especificando-o, inscrevendo-o em uma dada textura que não contêm categorias previamente definidas, devem ser tomadas em seu conjunto e segmentadas de acordo com as necessidades e os interesses do analista.

Com isso se quer dizer que os textos televisuais só ganham significação e sentidos no interior de seu processo comunicativo, pois as subdistinções do fluxo de sentidos se dão no momento preciso de sua ocorrência; acontecem nos espaços em que o texto se descentra, oferecendo vários mundos possíveis, ou seja, diferentes narrativas.

A textualidade comporta, assim, além do próprio texto, **para** e **intertextos** que o acompanham e dele fazem parte, possibilitando ultrapassar as barreiras e fronteiras restritivas de seu conteúdo: assim, o texto é *o que é lido*; mas é a sua **textualidade** quem define *como ele deve ser lido*.

A interpretação ganha maior força e consistência quando essas estruturas são compreendidas como fazendo parte da textualidade do televisual, objeto de análise; como pertencentes à significação dos textos televisuais que então se fazem significar, acontecer de modo particular, ao possibilitar a consideração a esses inúmeros elementos que podem ficar escondidos e/ou esquecidos, pois que no limiar do texto e que, durante muito tempo, foram ignorados pelo analista.

Na perspectiva dessa textualidade, que comporta vários níveis virtuais de pertinência a serem convocados e submetidos, quando for o caso, à análise, o texto televisual pode ser examinado considerando não apenas suas relações de caráter **intratextual**, mas, também, aquelas de caráter **intertextual**, concernentes às suas relações com outros textos, quer sejam elas de ordem paradigmática ou sintagmática, e aquelas de caráter **paratextual**, concernentes ao seu contexto comunicativo/enunciativo.

Com isso se quer dizer que os **textos televisuais** podem ser analisados sob diferentes ângulos ou âmbitos, tais como:

- **o âmbito intratextual**, que trata de suas relações internas e comporta dispositivos discursivos (plano do conteúdo) e dispositivos expressivos (plano da expressão), responsáveis pela estruturação do relato e sua manifestação textual. Os dispositivos discursivos distinguem-se entre si pelo caráter semântico (tematização e figurativização) ou sintático (actorialização, temporalização, espacialização e tonalização), manifestando-se através do emprego de diferentes procedimentos ou estratégias;

- **o âmbito intertextual**, que trata de suas relações com outros textos e comporta dois tipos de dispositivos – o de **paradigmatização**, ou seja, de atualização de modelos textuais; e o de **sintagmatização**, ou seja, de metatextualidade e/ou de conotatividade – responsáveis pelo estabelecimento de conexões entre o texto em exame e outros textos. Esses dois macrodispositivos manifestam-se através do emprego de diferentes procedimentos ou estratégias concernentes ao tipo de referenciação ao modelo ou às formas de transposição operadas;
- **o âmbito paratextual**, que trata de suas relações com seu entorno comunicativo e enunciativo e comporta dois tipos de dispositivos – o de **contextualização sócio-histórica** e o de **contextualização enunciativa** – responsáveis pela configuração da situação comunicativa/enunciativa e de seus entornos que podem ou não estar assinalados no texto. Esses dois macrodispositivos manifestam-se através do emprego de diferentes procedimentos ou estratégias de ordem comunicativa e enunciativa.

A **enunciação** como espaço desencadeador de operações seletivas, elege, então, dentre as virtuais possibilidades de combinatórias, as que estão em condições de produzir os efeitos de sentido desejados pelo(s) enunciador(es).

Os **dispositivos**, distintos mecanismos de ancoragem textual, operam nos diferentes níveis da textualidade de um texto em análise através de procedimentos/estratégias.

Já as **estratégias** ficam circunscritas à *prática* do uso, não implicando obediência mecânica a regras explícitas e/ou codificadas. Estratégias são, assim, procedimentos que manifestam as seleções e combinações operadas pelo enunciador quanto à forma de condução de um dado processo comunicativo e/ou discursivo. Elas ativam os distintos dispositivos: podem ser de várias ordens e/ou pertencer a diferentes âmbitos do processo, **para**, **inter** ou **intratextual**, em que atuam.

9.3 Sobre o roteiro-suporte da metodologia de análise

Para cada texto, há muitas textualidades; mais, nenhuma delas está pré-definida. Por isso, são as intenções e os objetivos de uma dada pesquisa que definem o que deve compor a textualidade objeto de análise. Daí a relevância da definição e determinação dos níveis de pertinência da análise a ser empreendida, ou seja, dos âmbitos que devem ser privilegiados na textualidade em exame, o que só pode ser determinado pelo próprio analista, que, então, propõe, em cada caso, roteiros e categorias, gradativamente relacionadas e identificáveis, a serem por ele utilizados para segmentar provisoriamente os fenômenos objeto de sua descrição, os quais, graças a esse percurso de interdefinições, agregam condições de maior eficácia interpretativa.

Mas, qualquer que seja o roteiro descritivo adotado, ele deve partir:

(1) da definição, do ponto de vista metodológico, do âmbito de pertinência a ser convocado para a descrição pretendida, o que depende dos objetivos da investigação;

(2) do estabelecimento de um percurso descritivo simultaneamente compatível e coerente com a proposta teórica e adequado aos objetivos da investigação;

(3) da pretensão de examinar os textos televisuais em sua complexidade, sem isolar as diferentes linguagens empregadas em sua construção;

(4) da consideração dos meios como linguagens que interferem sobre as linguagens visuais e sonoras convocadas;

(5) da descrição do(s) texto(s) televisual(is) selecionado(s) para compor(em) o *corpus* da pesquisa em suas relações internas, passando pela análise dos procedimentos de tematização, figurativização, temporalização, espacialização, actorialização, tonalização; pelo exame das estratégias discursivas e dos mecanismos expressivos selecionados para sua manifestação;

(6) da possibilidade de agregar à análise dos textos-base, suas relações intertextuais, ou seja, contraídas com outros textos, de caráter quer paradigmático, quer sintagmático, o que implica a descrição de suas formas de interação e apropriação de outros textos, dos dispositivos convocados, das estratégias empregadas;

(7) da possibilidade de integrar uma dimensão pragmática ao percurso de análise dos processos televisuais, ou seja, de ampliar o nível de pertinência semiótica a considerar, contemplando a descrição de seu processo comunicativo/enunciativo, dos dispositivos convocados, das estratégias empregadas.

Uma análise que se proponha a dar conta das virtuais relações estruturadoras dessa textualidade objeto de estudo deve, assim, considerar os diferentes âmbitos de interação que comportam, cada um deles, diversos dispositivos. E fazer especial atenção às estratégias convocadas.

O termo estratégia, como já se referiu, atualiza o fato de que todo ato comunicativo é um confronto de *quereres* e *poderes* que se submete ao princípio da eficácia, contrariando o ponto de vista objetivista e determinista do sistema.

Nada simultaneamente mais livre e convincente do que a ação de um bom estrategista. Espaço da liberdade, do à vontade, a estratégia traduz simultaneamente: (a) o conhecimento das regras para a elaboração de um programa de ação – seleções, combinações, rupturas – que conduza ao êxito; (b) a competência interpretativa da performance do interlocutor, permitindo ao sujeito ir dos atos às intenções do outro de forma a construir uma representação global de seu ser, seu querer e seu possível fazer; (c) a competência manipulatória com vistas a fazer o interlocutor agir no quadro e em proveito do programa de ação por ele estabelecido.

Em síntese, a concepção metodológica aqui apresentada prevê, para além do estudo das relações intratextuais, o exame atento das relações para e intertextuais, presentes e/ou contraídas pelo texto televisual: não se pode esquecer, como bem ensina Greimas (1998), que todo o processo comunicativo submete-se ao princípio da eficácia: visa persuadir o enunciatário a ingressar no jogo comunicativo/enunciativo, no qual cada um dos interlocutores tem por propósito vencer o outro, ou seja, *com*-vencer. Nessa perspectiva, os textos são mensagens que manifestam a intenção do enunciador em relação a um dado processo comunicativo, traduzidas pelas suas deliberações quanto à forma de conduzir o processo e contar a narrativa, o que evidencia de pronto seu caráter estratégico.

Parte 2
Ensaio aplicativo

10 Agendamento temático e contextual

A segunda parte deste estudo, dando continuidade às reflexões que aqui vêm sendo desenvolvidas sobre a produção midiática, centra sua atenção especificamente em um subgênero televisual: o **telejornal**, exatamente porque se acredita que ele está no cerne da produção televisual, configurando, para além disso, de forma mais explícita que outros tipos de programas televisuais, as alterações em curso. Recuperam-se, com tal intuito, a concepção e muitos dos conceitos expostos na primeira parte do trabalho, aplicando-os especificamente à descrição dos noticiários televisuais.

O percurso proposto inicia com o resgate de investigações por mim já realizadas sobre este tipo de programa televisual, para, na sequência, tomando-as como referência, apontar os contornos mais atuais dos telejornais brasileiros, ou seja, as múltiplas alterações pelas quais este subgênero televisual vem passando frente à concorrência e ao desenvolvimento cada vez mais acelerado das novas tecnologias digitais e às relevantes transformações sociais em curso tanto no que concerne a posicionamentos políticos, como ao enfrentamento de preconceitos de ordem racial ou de opção sexual, acrescidas do desafio, presente e premente, de resposta convincente a uma pandemia de extensão planetária que vem interferindo no fazer jornalístico, acarretando dificuldades e empecilhos ao desempenho dos profissionais da área.

Assim, com foco em um tipo específico de narrativa, aquela aportada pelos telejornais, retomam-se aspectos ligados a este subgênero televisual com o objetivo de melhor refletir sobre as reais condições de os textos telejornalísticos constituírem-se em um registro historiográfico tanto das formas de apropriação que a mídia televisão vem fazendo das novas tecnologias e das alterações por elas provocadas na maneira de construir e consumir os produtos televisuais, como das repercussões que as transformações sociais em curso e transtornos pandêmicos tiveram sobre as normas até então vigentes de estruturação deste tipo de noticiário.

10.1 Das observações sobre o entorno

As grandes redes privadas de televisão no Brasil, através de suas emissoras de âmbito nacional, internacional e local, filiadas e afiliadas, generalistas ou temáticas, canais abertos ou por assinatura, exibem, todas elas, inúmeros telejornais diários.

E se, como se afirmou de início, essas diferentes emissoras, inclusive aquelas ligadas a uma mesma rede ou cadeia de televisão, para se instituírem precisam marcar sua identidade, distinguindo-se das demais, o mesmo ocorre, embora em outro nível, com os programas por elas exibidos. Mais ainda, tal necessidade se torna bem mais intensa quando diz respeito à distinção entre programas de uma mesma emissora pertencentes a um mesmo subgênero, como é o caso dos diferentes telejornais por elas veiculados diariamente.

Assim, para além dos traços de pertencimento que ligam os noticiários televisuais à programação geral de uma emissora e aos demais telejornais diários por ela exibidos, eles buscam outros que os distingam desses e lhes confiram identidade.

Tais traços dizem respeito não só ao seu âmbito de atuação, mas ao formato por eles adotado, isto é, à forma de realização e manifestação de seus dispositivos discursivos e expressivos.

11 Telejornais: da caracterização às articulações intertextuais

Os telejornais são um tipo de programa com espaço e audiência garantidos na programação televisual brasileira. Presentes desde o início do funcionamento da televisão no Brasil, os telejornais ligam-se a um subgênero televisual que, para se instituir, buscou inspiração direta no modelo radiofônico, chegando inicialmente até mesmo a adotar o nome de um dos mais famosos noticiários da época, o *Repórter Esso*. Tal apropriação, não obstante, implicou, como seria previsível, alterações no seu modo de construção em relação ao modelo radiofônico que lhe serviu de referência, caracterizado como um mero relato oral de notícias, utilizando como principal recurso retórico a impostação de voz dos apresentadores. Ao serem veiculados pela mídia televisão, os noticiários passaram a se estruturar a partir da articulação entre sons e imagens, entre linguagens sonoras e visuais, sobredeterminadas pelos meios técnicos de produção, circulação e consumo próprios do televisual.

E, com o correr do tempo, os telejornais foram ganhando identidade e melhor se conformando às potencialidades do televisual, até porque as grandes redes e emissoras de televisão brasileiras passaram a exibir, todas elas, em diferentes horários de sua programação, inúmeros telejornais.

11.1 Da configuração textual

Os telejornais, do ponto de vista semiótico, são textos longos, com a dimensão da totalidade do programa: são projetados para permanecerem no ar, ou seja, na grade de programação das emissoras por um período de tempo indefinido.

Exibidos tanto por emissoras generalistas como temáticas, eles, para além de extensos, são textos extremamente complexos e híbridos, tanto do ponto de vista genérico como do concernente à sua diversidade de conteúdo e formas de expressão; articulam não só distintos conteúdos como recorrem a diferentes linguagens sonoras e visuais para manifestá-los. Mais ainda, seus meios técnicos de produção, captação, circulação e consumo, em processo permanente de atualização e desenvolvimento, funcionam como linguagens que sobredeterminam as demais. E eles são muitos e bastante sofisticados.

Os textos dos telejornais fragmentam-se em **edições**, ou seja, em apresentações diárias com dias e horários fixos de exibição e tempo de duração pré-determinado.

As edições dos telejornais, fragmentos do texto maior representado pelo todo do próprio programa, segmentam-se, por sua vez, em **blocos**, abrindo, na sequência, espaços para os intervalos comerciais, ocupados com a apresentação de publicidades e outras ações promocionais. Elas adotam uma forma de organização discursiva e expressiva já ao longo dos anos bastante cristalizada e conhecida pelo telespectador.

Cada um dos blocos das edições de um telejornal estrutura-se a partir da articulação entre diferentes narrativas, contendo informações sobre fatos e/ou acontecimentos políticos, sociais, culturais, administrativos e outros, de âmbito local, nacional e/ou mundial. Essas diversas e distintas unidades narrativas são o que se convencionou denominar **notícias**.

Selecionadas por sua relevância para a compreensão do cotidiano, as notícias são apresentadas sob a forma de uma soma de pequenas narrativas, autônomas umas em relação às outras. Frutos da fragmentação, da parcialidade, elas se organizam a partir de diferentes referências; são concebidas e estruturadas como uma sucessão de itens, de forma a satisfazerem a curiosidade do telespectador.

Mas é inegável que, ao articularem cuidadosamente os dados de que dispõem, ao estabelecerem relações lógicas entre eles, as notícias constroem um todo consistente, conferindo sentidos, possivelmente aqueles que lhes interessam, aos acontecimentos; dotando-os de uma organização estruturada e racional, perpassada habitualmente por traços de *seriedade, objetividade, distanciamento, neutralidade*.

Do ponto de vista de sua expressão, os telejornais procuram corresponder e sustentar esses traços. Daí sua atenção aos detalhes, que vai do zelo pelo cenário, passa pela escolha cuidadosa dos apresentadores/âncoras do programa e outros atores participantes, pela manutenção de posturas, comportamentos, tom de voz, expressões verbais e faciais, pela reiteração, enfim, dos traços registrados de identificação de determinado telejornal.

A distribuição e o encadeamento das notícias no interior de cada emissão são planejados de modo a atender às pretensões e interesses da emissora e do próprio telejornal que então lança mão de lógicas e estratégias comunicativas que garantam a mobilização e permanência do telespectador: deixam, por exemplo, para o final da edição, a veiculação daquelas notícias que tratam dos acontecimentos mais instigantes, inesperados ou ansiosamente aguardados pelos telespectadores; recorrem, ao final de cada bloco, às chamadas com fragmentos do que vai ser exibido no seguinte; chamam reportagens ao vivo em tempo real e simultâneo à sua apresentação, que não só confirmam ou testemunham o noticiado, como demonstram sua atualidade.

E essa possibilidade, por vezes privilegiada, da gravação ao vivo, da transmissão direta, em tempo real e simultâneo ao do acontecimento, marcas distintivas da televisão, sempre funcionaram como estratégias bastante convincentes de garantia desse tipo de discurso.

11.2 Das articulações genéricas

Os telejornais, do ponto de vista de suas relações intertextuais de caráter paradigmático, ou seja, genérico, são textos pertencentes a um subgênero televisual, ligado ao gênero factual, que têm por objetivo declarado manter os telespectadores informados/atualizados sobre fatos e acontecimentos considerados relevantes ou incomuns, advindos do real, mundo exterior à mídia, ocorridos entre uma emissão e outra do programa. Assim, o que funda o discurso dos telejornais e lhes confere legitimidade é sua busca por uma tradução, a mais objetiva possível, do real, visto que seu propósito, em princípio, é uma representação fiel dos acontecimentos noticiados.

Mas essa tradução de caráter discursivo se constitui, convém não esquecer, como uma **metarrealidade**: não se trata mais do *real*, mas de uma *realidade discursiva*, uma construção de linguagem que, embora contenha índices do real, mundo exterior à mídia, não passa de uma narrativa, cujo compromisso é, acima de tudo, com a *veridicção*.

Os telejornais, entretanto, ao tentarem satisfazer a curiosidade dos telespectadores e proporem a veiculação desse tipo de realidade discursiva, ficam, de certa forma, comprometidos com a *verdade* e *fidedignidade* do discurso noticiado, com os atores sociais envolvidos; assumem até mesmo um contrato comunicativo pautado por legislação específica, que os obriga a buscar fontes confiáveis como garantia das narrativas veiculadas, a recolher provas, a convocar testemunhas dos acontecimentos de maneira a conferir *credibilidade* aos relatos apresentados, ou seja, a corresponder ao regime de crença proposto, cercando-se, em razão dessa pretensão, de estratégias discursivas e mecanismos expressivos que garantam os efeitos de sentido desejados.

Em que pese seu poder de persuasão, é preciso ter claro, reitera-se, que os telejornais, ao promoverem os acontecimentos enquanto os dizem e mostram, fazem emergir uma verdade que é discursiva e que, portanto, não coincide com a verdade dos fatos: as operações discursivas de que se utilizam produzem, isto sim, efeitos de sentido de verdade.

Mesmo a recorrência à transmissão direta, em tempo real e simultâneo à apresentação de acontecimentos do mundo exterior, não elimina o caráter de mera representação, de textualização e de midiatização dos telejornais. Afinal, como já se frisou antes, o mundo se nos apresenta por todos os sentidos; no texto telejornalístico, somente algumas dessas propriedades são transpostas para a superfície artificial do vídeo. Além disso, as parcelas de real tornadas visíveis não correspondem a seleções arbitrárias: é o que fica enquadrado, é o movimento das câmeras, é o trabalho de edição e sonoplastia que determinam *o que* e *como* os acontecimentos vão ser mostrados.

A esse respeito, aliás, cita-se Fernando Pessoa, que fornece sobre o tema uma lição memorável ao assinalar a distinção entre o real e sua representação:
Dizem que finjo ou minto
Tudo que escrevo. Não.
Eu simplesmente sinto
Com a imaginação.
Não uso o coração
[...]
Sentir? Sinta quem lê!.

Nessa perspectiva, como bem confessa o poeta, está-se frente a uma construção de linguagens: não se trata mais do *real*, mas de uma *realidade discursiva*, uma *imaginação*!

E, talvez por isso, sejam exatamente as notícias mais aberrantes e/ou surpreendentes, os *fait-divers*, que tornam mais evidentes seu caráter discursivo.

De modo geral, o subgênero *telejornal*, não só no Brasil, como em outros países, passou a realizar-se lançando mão de uns poucos formatos, cujas distinções, de modo geral, ficam por conta de seus processos discursivos e expressivos, não constituindo efetivas rupturas estruturais.

11.3 Do noticiário às notícias

Os telejornais são noticiários: sua substância de conteúdo opera com informações sobre acontecimentos políticos, sociais, financeiros, culturais, administrativos e outros, cujo âmbito pode ser local, nacional ou mundial, selecionadas por sua relevância para a compreensão do cotidiano, razão pela qual são transformadas em notícia.

Nessa perspectiva, o processo de seleção das matérias a se tornarem objeto das notícias veiculadas, bem como a definição de sua forma de estruturação são opções estratégicas que consideram as lógicas mercadológicas, tecnológicas e discursivas. E a relação de reciprocidade entre a informação e a notícia, ao conferir forma às matérias veiculadas, delimita e enquadra então os acontecimentos em uma organização que resulta na construção da notícia.

Sim, porque os textos das notícias se submetem ao filtro do contexto midiático e histórico, ou seja, dos interesses econômicos, históricos, culturais, os quais, ao se projetarem sobre o mundo, conformam-lhe a existência.

Trata-se, assim, de um processo altamente sofisticado e cuidadosamente elaborado: a produção das notícias obedece à aplicação de um conjunto de regras que inicia exatamente pela inserção de um acontecimento na pauta, isto é, por sua seleção como noticiável, pela constatação de sua potencialidade e relevância.

E, para que um acontecimento seja alçado ao *status* de noticiável, dizem os manuais, ele deve responder a certos requisitos, concernentes à *novidade*, com vistas a criar efeitos de surpresa, de choque; à *atualidade*, pois as notícias lutam contra o tempo; à *credibilidade*, pois devem oferecer alternativas para que, a partir delas, se produzam os efeitos de *verdade* e *confiabilidade* necessários.

Mais ainda, a determinação do grau de noticiabilidade de uma informação, a definição de sua adequação ao subgênero, o seu enquadramento em um formato específico obedecem também aos interesses institucionais da emissora.

Uma boa notícia, dizem os entendidos, para além de ficar o mais próximo possível do acontecimento, deve manter com ele uma relação de *fidelidade, neutralidade, objetividade*, o que leva sua narrativa à articulação de detalhes, ao estabelecimento de relações lógicas entre causas e consequências. Estruturadas como quaisquer outras narrativas, as notícias recorrem a algum tipo de lógica que as explique e justifique, domesticando-as, fazendo-as parecer compreensíveis (*causa vs. consequência; meio vs. fim; ação vs. reação; previsibilidade vs. imprevisibilidade*).

Daí por que as notícias, na pretensão de construírem um todo consistente, uma organização estruturada e racional, acabam por conferir sentidos aos acontecimentos.

Assim, curiosamente – e é aí que entra mais uma vez em pauta a questão da *verdade* –, a partir de um mesmo fato ou acontecimento, podem ser produzidas distintas narrativas, pois quem as constrói também usa a ***imaginação***; todas verdadeiras, porque respeitam as fontes, mas todas diversas, porque operam seleções, focalizações e montagens diferentes: os telejornais não refletem tão somente o real, eles, acreditem!, antes de tudo, o conformam.

Aliás, é, nessa perspectiva, que se pode falar da mídia como pautando o *real*: a ela cabe determinar que acontecimentos do *mundo exterior* merecem ser noticiados, assim como decidir a maneira mais adequada de transformá-los em notícia. E aqueles sobre os quais ela se cala simplesmente não ganham existência.

Frente a tantas exigências, o processo de realização/ produção das notícias, ou seja, de transformação dos fatos e/ou acontecimentos a serem discursivamente divulgados, envolve uma equipe capacitada e variada de profissionais: alguns são responsáveis pela captação dos acontecimentos do mundo exterior – agências de notícias internacionais e nacionais, correspondentes, repórteres, fotógrafos e cinegrafistas –; outros atuam no interior do próprio meio – pauteiros, editorialistas, redatores, operadores de edição, etc. A verdade é que, embora contenham índices do real, mundo exterior à televisão, o que as notícias veiculam são narrativas datadas que não ultrapassam o nível do discurso, histórias que criam história, aspirando à plena visibilidade.

E as empresas de televisão, por mais que isso por vezes lhes custe, para dar conta da sôfrega curiosidade dos consumidores dos telejornais, os telespectadores, não se fazem de rogadas: não só disponibilizam os canais abertos, que exibem diversos noticiários diários, como dispõem de inúmeros canais por assinatura que centram sua programação nos telejornais.

11.4 Das hibridações genéricas

Os telejornais caracterizam-se como um subgênero factual de caráter híbrido, exatamente porque, na conformação das diferentes notícias, recorrem a outros subgêneros factuais, para melhor formatá-las: os textos de suas emissões, ao apresentarem as distintas matérias, apelam, frequentemente a comentários analíticos, a entrevistas, a reportagens e, mesmo, a documentários. E cada telejornal faz isso em consonância com o formato por ele adotado, seguindo, de preferência, um mesmo ritual que confira identidade ao programa, distinguindo-o dos demais.

Assim, as diferentes matérias veiculadas pelas edições dos telejornais podem se apresentar sob distintas formas: a do mero **relato oral**, normalmente feito pelos apresentadores, sobre os acontecimentos, seguido ou não de sua análise realizada por comentaristas ou especialistas; a da **entrevista**, em que entrevistador e entrevistado, através de questionamentos e respostas, vão reconstruindo o fio da narrativa sobre os fatos/acontecimentos em pauta; a da **reportagem**, que ultrapassa o nível do mero relato oral ao apresentar fragmentos não só verbais como visuais dos próprios acontecimentos; e até mesmo a do **debate**, que comporta as discussões e o confronto de opiniões entre os participantes.

No caso de o formato adotado se dispor a uma análise mais aprofundada dos fatos noticiados, o telejornal geralmente recorre a especialistas sobre o tema e/ou conta com uma equipe qualificada de comentaristas.

Quando as notícias se estruturam adotando o formato de entrevistas, a interação entre os interlocutores, em princípio, tem por meta o relato objetivo, por parte do entrevistado, de suas experiências e a transmissão dos conhecimentos necessários ao telespectador sobre um determinado fato ou acontecimento, de tal maneira que ele se sinta informado e possa se posicionar sobre o que foi relatado.

Isso também acontece quando as edições dos telejornais lançam mão de **documentários**, muitas vezes exibidos sob a forma de quadros que se estendem por várias emissões do noticiário. Mas, atenção!: ainda que comprometidos com o factual, as análises, as entrevistas, as reportagens e também os debates e os documentários não passam de uma captação parcial e mesmo subjetiva dos acontecimentos, marcada pela indefinição de fronteiras entre a apresentação do real e a operação sobre ele: os limites entre o factual e o ficcional são, por vezes, bastante tênues.

Embora as transmissões diretas, hoje em estágio de desenvolvimento tecnológico sem precedentes, transcendam distâncias e tornem muitas vezes simultâneos os tempos de ocorrência dos acontecimentos e os de sua exibição – parecendo aderir totalmente aos acontecimentos, permitindo--lhes ganhar existência, exatamente e tão somente porque os mostram, ou seja, os transformam em discurso enunciado –, elas não deixam, por isso mesmo, de ser apenas uma de suas configurações.

Reportagens, entrevistas e documentários utilizam-se frequentemente da convocação do **testemunho** como estratégia de comprovação da veracidade das narrativas apresentadas, pois dota as notícias veiculadas de efeitos de verdade bastante convincentes, ainda que, muitas vezes, para melhor corroborarem suas narrativas e/ou argumentos, as emissoras operem, como já se referiu, uma descontextualização proposital de falas e imagens.

E as **testemunhas**, convém lembrar, quer hajam presenciado e/ou vivenciado um dado acontecimento, desempenham, no contexto de sua própria narrativa, um duplo papel como enunciadoras, pois que se movimentam tanto na instância enunciativa como na enunciada, visto que, além de narradores, muitas vezes protagonizam a narrativa, atualizando o passado no presente; falando de si no passado e no presente; sustentando e suportando o real, legitimando-o, certificando-o.

11.5 Das reiterações intertextuais sintagmáticas

As edições dos telejornais contraem relações intertextuais de caráter sintagmático dos mais variados tipos, recuperando ou mesmo se apropriando de outros textos que neles se manifestam sob a forma de comentários, pareceres, opiniões, etc., sobre os acontecimentos relatados.

Mas, de todas as formas de inter-relação e apropriação de outros textos, uma delas, pelo seu, por vezes, descaramento, cabe aqui destacar: trata-se de reapresentação de notícias já exibidas em edições anteriores de um mesmo telejornal ou em edições de outros telejornais da emissora/rede e até mesmo em outros programas, como o *Fantástico*.

Muitas vezes, essas reapresentações são atualizadas e revestidas com novas roupagens por parte do mediador; outras, são exibidas tal e qual.

Assim, não se pode esquecer que há, quando necessário, todo um ajustamento dessas narrativas quando do processo de requentamento das notícias de uma edição para a outra dos telejornais.

11.6 Das observações adicionais

Em que pese a concorrência das novas tecnologias – e, com elas, novos suportes, plataformas, dispositivos – e o incomensurável trânsito de informações, muitas delas falsas, possibilitadas pela internet, os telejornais permanecem uma referência, agregando simultaneamente públicos diferenciados, com perfis sociais bastante variados, pois as informações que veiculam são não só apresentadas de forma organizada e comprometida com a verdade e fidedignidade dos acontecimentos noticiados, com os atores sociais envolvidos, como compartilhadas simultaneamente por um número infindável de telespectadores.

A grande verdade é que os telespectadores, hoje mais do que nunca, vêm procurando nos telejornais uma visão planetária que ultrapasse os limites de seu quintal, pois o livre acesso ao mundo exterior lhes está sendo vedado.

Mais ainda, a antiga pretensão dos telejornais de se constituírem em uma *janela aberta para o mundo* vem sendo em parte obstruída pela pandemia. Mas eles não se rendem tão facilmente e, talvez por isso, sejam atualmente os programas televisuais que melhor configuram as transformações em curso, que não se restringem somente à interferência ostensiva das novas tecnologias na construção de seus textos, mas que dizem respeito também às necessárias alterações e à adoção de estratégicas adaptações de seus formatos ao que se passa lá fora.

12 Telejornais: da conformação intratextual discursiva/expressiva

A forma de organização intratextual tradicional dos telejornais obedece a um conjunto de regras, a uma espécie de *gramática* que aposta na reiteração de determinadas modalidades de manifestação de seus dispositivos discursivos/expressivos, na sequência melhor detalhadas.

12.1 Da tematização/figurativização

A estrutura discursiva tradicional dos telejornais prevê que os temas abordados pelos textos de suas edições sejam variados, referindo-se a informações sobre fatos e/ou acontecimentos, selecionados, como se vem ressaltando, por sua novidade, atualidade e relevância para a compreensão do cotidiano e figurativizados em consonância com o *real* que lhes serve de referência.

As narrativas das diferentes notícias giram em torno de temas que, embora figurativizados de forma diversa, guardam bastantes semelhanças com os dramas do cotidiano. Existe uma espécie de *cast* de personagens, diretamente conectada com a tradicional luta entre *bem vs. mal*, que é apresentada reiteradamente para reforçar valores morais, culturais e mesmo políticos. A distribuição dos papéis e a categorização/figurativização das personagens – mocinhos, heróis e vilões –, bastante estereotipadas, são realizadas de maneira muito semelhante às utilizadas em obras ficcionais.

A forma inicial de abordagem dos conflitos, na abertura das matérias, ocorre através de *chamadas* ou *cabeças* que, interpretadas pelos apresentadores, configuram uma espécie de convite ao acompanhamento de cada narrativa. Para além das personagens, a utilização exacerbada dos recursos audiovisuais, tais como *sobe som* e *vinhetas*, é elemento integrante dessa receita mágica e dramática, na qual o tom de *seriedade* próprio do subgênero é substituído, muitas vezes, pelo *apelo emocional*.

12.2 Da espacialização

A estrutura discursiva expressiva espacial dos telejornais, considerando seus objetivos e modos de apresentação, pressupõe a operação e articulação entre dois tipos de espaços: os **internos**, de estúdio, configurados por um cenário comportando geralmente um platô central, onde se movimentam os apresentadores/condutores do programa, habitualmente sentados junto a uma bancada, tendo muitas vezes como fundo diferentes mapas do globo terrestre ou sequências de telas e/ou telões e, mais abaixo, frequentemente, uma série de mesas de trabalho com profissionais, todos em movimento, operando computadores, deslocando-se apressadamente de um lado para o outro; e os **externos**, próprios das ações do mundo, configurados como entornos dos acontecimentos noticiados e/ou dos locais onde se encontram os repórteres, correspondentes, enviados especiais, entre outros.

Esses dois espaços são conectados entre si por diferentes dispositivos técnicos e articulados pelos apresentadores que chamam as matérias, algumas delas ao vivo, em tempo real e simultâneo à sua apresentação, não só confirmando ou testemunhando seus relatos, como demonstrando sua atualidade. É como se a notícia estivesse chegando *quentinha*, pronta para entrar no ar.

Ao mostrar os bastidores, o *em-se-fazendo* da notícia, bem como sua equipe externa e as condições tecnológicas de que dispõem, as emissoras promovem, para além do próprio programa, a si próprias, pois demonstram sua consideração e respeito pelos telespectadores: todo aquele contingente de pessoas e de tecnologias de ponta estão lá a seu serviço, para garantir que eles recebam a notícia de última hora.

12.3 Da actorialização

A estrutura discursiva tradicional dos telejornais prevê, do ponto de vista actorial, primeiramente a figura dos **apresentadores/condutores** do programa.

Os telejornais, inicialmente, contavam com apenas um apresentador, responsável pela coordenação e apresentação de toda a edição, que então se submetia ao seu modo específico de condução do programa, procedimento que ainda hoje é adotado por alguns poucos noticiários televisuais.

O papel de condutor do telejornal era desempenhado normalmente por um jornalista, homem branco, bonito, elegante, culto e bem preparado para o desempenho da função. A TV Globo, por exemplo, apostou, de início, em Cid Moreira e Sérgio Chapelin.

Somente a partir dos anos 1990, os telejornais passaram a ser apresentados por duplas.

A posição de superioridade e comando destinada aos apresentadores assinala quem, no contexto e cenário de um telejornal, detém a informação e, consequentemente, o poder.

Mas, com o passar do tempo, essa centralização do poder na figura do apresentador passou a ser mais difusa e, hoje, como a condução das emissões dos telejornais é muitas vezes partilhada, os noticiários deixaram de pertencer a um único *dono*, o que, aliás, responde aos interesses das próprias emissoras, principalmente dos canais por assinatura. Essa diluição do comando é bastante mais cômoda, pois confere maior autonomia e independência às emissoras, possibilitando a substituição e circulação dos condutores, quando lhes convêm.

Os apresentadores, enquanto atores discursivos, protagonista(s) centrais da emissão, exerce(m) diferentes funções no interior do próprio texto das edições: ele(s) atua(m) como **enunciadores enunciados**, delegado(s) de seus reais enunciadores – a instância **institucional**, responsável final pela veiculação da informação, e a de **produção**, coletiva, comportando as diferentes equipes de profissionais designadas para a realização das matérias; ele(s) opera(m) como **apresentador(es)/condutor(es)** e **âncora(s)** da emissão, gerenciando os tempos, realizando as transições entre os diferentes blocos e segmentos, encarregando-se das debreagens e embreagens internas ao texto do programa, responsabilizando-se pela regulação dos valores e tom da emissão. Daí a relevância de seu tradicional investimento por um tom de *seriedade*, ao qual se aliam outros, como *formalidade, objetividade, contração, distanciamento, profundidade, regularidade*, etc.

Mas os apresentadores, ao operarem por delegação, enunciando sua enunciação desempenham também a função de **mediadores**, passando a configurar, para além da combinatória tonal, os valores investidos no programa. Mais ainda, cabe-lhes, por atribuição, estabelecer um outro tipo de **me-**

diação, aquela que se dá entre a **instância de enunciação** e os **enunciatários**, os telespectadores virtuais ou reais.

Os apresentadores/condutores/mediadores repercutem, dessa maneira, as *vozes* das instâncias advindas da enunciação, relacionadas tanto à posição por elas assumida frente a acontecimentos políticos, sociais, econômicos, como à missão e à imagem que a empresa deseja construir de si frente ao público telespectador.

Mais, essas vozes *falam*, ainda, através das edições do telejornal, da maneira como querem interagir com os telespectadores; *dizem* do ponto de vista a partir do qual seu texto quer ser *lido*; assinalam os tons colocados em pauta; centralizam e capitalizam a tarefa de regulação dos valores, indicando a forma como os telespectadores devem interagir com o programa.

Configurados por determinadas propriedades discursivas, cabe, assim, a esses apresentadores/condutores/mediadores intervir, alterando inevitavelmente a relação entre a instância da enunciação e a do enunciado; entre o posicionamento institucional e os acontecimentos relatados.

Essa multiplicidade de *falas* e funções desempenhadas pelos apresentadores/condutores/mediadores do programa se manifesta em sua atuação em cena, perpassando as modalidades de acolhimento e interação adotadas, as formas de ação e controle da emissão empregadas, em direção à indicação de como os telespectadores devem com eles interagir: fazem, enfim, desses atores a encarnação dos valores e combinatória tonal que identificam o programa e o *em*-formam.

As inúmeras análises realizadas demonstraram, em primeiro lugar, que, para que um ator discursivo obtenha êxito nessa acumulação de papéis de apresentador/condutor/mediador de um telejornal, existe a necessidade de um outro tipo de sincretismo: aquele que faz do ator discursivo um decalque dele próprio enquanto ator social, obrigando-o a protagonizar em cena uma espécie de caricatura de si próprio enquanto ator social.

Para tal *mise-en-scène*, ele recorre a certos rituais: a insistência em determinados comportamentos, atitudes, gestos, jeitos e trejeitos; a utilização de certos bordões e figuras de linguagem; o uso de determinado estilo e figurino; o emprego de uma combinatória tonal que se cole à sua pessoa. Tais procedimentos garantem a construção de uma identidade social que dote o ator discursivo de competência para operar, simultaneamente, como apresentador/condutor/mediador da emissão, capacitando-o a expressar os valores e a combinatória tonal que identificam o programa.

Assim, para que esse sincretismo entre o telejornal e seus apresentadores/condutores/mediadores ocorra, é necessário que os atores envolvidos nesse tipo de processo comunicativo acumulem papéis discursivos e sociais, possibilitando uma identificação tanto dos atores sociais com o ator discursivo, como do ator social com o próprio programa, de forma a revestir os atores discursivos com os valores simbólicos por eles representados enquanto atores sociais.

Aliás, é por determinadas características, pela imagem construída para si enquanto atores sociais – *seriedade, mordacidade, ironia, argúcia, descontração* – que esses sujeitos normalmente são escolhidos para comandar um telejornal. Curiosamente, esse tipo de encenação, em princípio, entraria em contradição com os propósitos assumidamente reiterados pelos telejornais tradicionais de *objetividade, imparcialidade,* etc.

Assim, podem-se divisar dois tipos de configuração desses atores, quais sejam:
- os apresentadores/condutores/mediadores que se dispõem a reiterar os valores e tons propostos por um dado telejornal, mas se esforçam para que eles recaiam sobre o programa como um todo, impregnando as múltiplas funções por eles desempenhadas: nesse caso, eles não constituem o programa, tanto isso é verdade que podem ser facilmente substituídos, sem que o telejornal perca suas características e identidade;
- os apresentadores/condutores/mediadores que capitalizam para si a expressão dos valores e combinatória tonal de um dado telejornal, protagonizando-a, encarnando-a e decretando, no caso de seu afastamento, a morte do noticiário.

Cabe ainda reiterar que o processo de actorialização dos telejornais recorre, para além dos apresentadores/mediadores, a um segundo nível de atores que assumem papéis discursivos no texto do telejornal e/ou nas notícias veiculadas, tais como analistas/comentaristas, correspondentes internacionais, enviados especiais, repórteres, entrevistadores, entrevistados, protagonistas dos acontecimentos, testemunhas dos fatos relatados, que, quando interpelados pelos apresentadores, também podem desempenhar, no interior das notícias veiculadas, o papel de enunciadores.

Essa pluralidade e variedade de outros atores convocados a participarem da emissão de um telejornal possibilita, quando convêm à edição, que os apresentadores/condutores/mediadores coloquem, na boca de outros atores ou no poder das imagens que registram os acontecimentos, a força do argumento por vezes indefensável, a garantia da persuasão: afinal, eles também *dizem* e, por isso, tornam-se protagonistas do discurso enunciado.

12.4 Da temporalização

> O tempo passa? Não passa
> no abismo do coração.
> Lá dentro, perdura a graça do amor,
> florindo em canção.
> (Carlos Drummond de Andrade)

Os telejornais, como se vem exaustivamente reiterando, contam histórias **datadas**, que se constroem tomando como referência direta o mundo real e exterior à televisão. Mas esses relatos, embora contenham índices do real, mundo exterior à mídia, com ele não podem ser confundidos: não passam de *realidades discursivas*, cuja organização temporal é bastante complexa, pois a conformação desse tipo de texto estabelece um jogo entre os tempos reais e os discursivos.

Do ponto de vista discursivo, a organização temporal interna do texto das emissões de um telejornal se repete, recursivamente, de forma hierarquizada por níveis, relacionando *atores, tempos, espaços* (Fechine, 2002): há um **apresentador** que, do *set*, ao vivo, *en direct,* ou seja, em tempo real e simultâneo ao da gravação e exibição do programa, dá a ver distintas unidades narrativas, as notícias; elas, não obstante, referem-se a diferentes temporalidades. Nessa perspectiva, a marca temporal do **presente** em um telejornal só entra em cena no momento de seu próprio *proferimento*, isto é, pela materialização de seu processo produtivo em texto-edição e de sua simultânea exibição ao telespectador. E esse presente, reitera-se, é discursivo, vide o que ocorre no caso de reapresentações das edições.

Assim, nos textos dos telejornais, a presença dos apresentadores/condutores/mediadores, por isso mesmo também chamados de **âncoras**, assinala a localização discursiva temporal da edição, servindo de referência para um conjunto de relações espaço-temporais a partir dela hierarquizadas em diferentes passados, presentes e prováveis futuros.

Os apresentadores/âncoras, que são seres de discurso, como, aliás, são todos os demais protagonistas dos diferentes relatos sobre acontecimentos que compõem o texto-edição, deles se diferenciam por serem o ponto de referência espaço-temporal de toda a estruturação discursiva temporal das edições dos telejornais: **eles são o *aqui* e o *agora*.** O tempo de *fala* desses **âncoras**, esse *agora*, em princípio, faz coincidir o proferimento do texto com sua exibição e recepção por parte dos telespectadores, que, embora não sejam seres do discurso, estão representados no interior dos telejornais. Trata-se, assim, de uma temporalização cujo caráter é discursivo, ficando circunscrita aos limites do texto.

Mas a complexidade temporal das emissões vai além, pois os textos dos telejornais jogam também com os tempos, não só aqueles **interiores ao seu processo de realização/produção e exibição**, como os **exteriores**, referentes ao mundo que corre lá fora.

Embora tenham sempre podido operar em tempo real e cronológico, hoje, mais do que antes, a televisão dispõe de tecnologias ainda mais avançadas que lhe dão condições de captação e transmissão direta de imagens e sons advindos dos mais recônditos lugares do planeta em quase perfeita sincronia com sua recepção por parte dos telespectadores. Curiosamente, é essa condição de captação, gravação ao vivo e veiculação de acontecimentos do mundo exterior em tempo real e simultâneo ao de sua ocorrência que permite aos telejornais atuarem com distintas temporalidades, ou seja, com eixos temporais diversos, cabendo-lhes por tarefa articulá-los e harmonizá-los, segundo suas necessidades e interesses.

As **instâncias de realização/produção** dos telejornais operam com três unidades temporais distintas – a **sucessão**, a **duração** e a **incidência** –, atualizando diferentes possibilidades combinatórias entre duração e incidência, responsáveis pela coexistência, em uma mesma edição, de matérias captadas/gravadas ao vivo e exibidas depois de editadas; de matérias captadas/gravadas ao vivo e transmitidas e exibidas em tempo simultâneo ao de gravação; de matérias captadas/gravadas ao vivo e transmitidas e exibidas em tempo posterior ao de sua gravação.

Assim, é preciso ter presente que, quando um apresentador/âncora recorre à convocação de repórteres, correspondentes, especialistas e outros tipos de profissionais, muitos deles em outros tempos e espaços sociais, essa estratégia pode ou não atualizar a veiculação de acontecimentos simultâneo ao de sua ocorrência. A maior parte das matérias é captada, gravada e editada e, só posteriormente, exibida, referindo--se a acontecimentos que podem, e normalmente o são, ter ocorrido em tempo anterior ao de veiculação da edição do programa; trata-se de fragmentos que, uma vez gravados e editados, são inseridos no interior da emissão do telejornal, esta sim, como um todo, normalmente exibida em tempo real e simultâneo ao de sua apresentação.

Com isso se quer dizer que, somente quando lhes interessa, os telejornais optam pela adoção do percurso que lhes permite operar com a duração integral do acontecimento captado e sua exibição em tempo incidente, simultâneo ao de sua gravação e transmissão. Nesse contexto, a expressão **ao vivo** remete à duração total do acontecimento captado e a **em tempo real**, à sua transmissão em tempo coincidente ao de sua captação. Ora, na realização dos telejornais, joga-se discursivamente com todos esses percursos, técnicas e, mesmo, denominações que confundem, por vezes, os desavisados.

Mais, as **instâncias de realização/produção** dos telejornais são impelidas a operarem com outros eixos temporais, muitos deles exteriores ao de seus textos-edição e, mesmo, ao das próprias notícias veiculadas – com os quais jogam discursivamente, segundo seus interesses e condições.

Sim, porque, como se vem reiterando, a trama temporal ocorrida no processo de realização/produção/exibição dos telejornais não se restringe ao discurso produzido, implicando a recorrência a **outros tempos** ou **eixos temporais** exteriores ao texto de sua edição, mas que, sem dúvida, passam a interferir em sua construção, ultrapassando em muito as questões internas referentes à transformação dos acontecimentos em narrativa. Eles dizem respeito:

- às relações de **incidência** do horário de veiculação de um telejornal sobre o tempo social e cultural de uma dada comunidade e sua interferência na vida cotidiana dos telespectadores. Afinal, esse tempo social regra horários e distribui o tempo diário dos sujeitos, determinando os períodos destinados ao repouso, à vida familiar, profissional, financeira e/ou econômica dos cidadãos; afinal, há um horário para o descanso e outro para o trabalho; afinal, há um horário fixo de funcionamento para os bancos e as instituições financeiras, para as empresas e as escolas. Trata-se, assim, de uma relação temporal concernente às articulações entre a ocorrência dos acontecimentos e a disposição dos diferentes telejornais na grade de programação de uma emissora, isto é, seu horário de exibição – matutino, vespertino, noturno;

- às relações de **dissidência** existentes entre essa conformação temporal de caráter sociocultural que define e distribui os tempos dedicados pelos cidadãos à vida cotidiana em uma dada comunidade e as diferenças temporais de fusos horários, que impedem uma correspondência dessas temporalidades em nível planetário e mesmo brasileiro, ou seja, entre comunidades situadas em locais, países e continentes distintos e distantes uns dos outros. Assim, embora os telejornais, com o auxílio das novas tecnologias, venham impondo uma concepção de informação que se traduz pela exibição da história *em-se-fazendo*, pela possibilidade ofertada ao telespectador de assistir em tempo real e simultâneo ao desenrolar dos acontecimentos, isso nem sempre se torna viável, não só porque os telespectadores não estão disponíveis em todos os horários, como porque determinados tipos de acontecimentos não ocorrem, em nível planetário, em horários coincidentes;
- às relações de **não coincidência** entre o tempo total dedicado à preparação de cada edição de um telejornal por sua equipe de produção – pauteiros, redatores, repórteres, equipe de gravação, equipe de edição, etc. – e o tempo de ocorrência e duração dos acontecimentos a serem

transformados em notícia. Sim, pois é preciso reiterar que o tempo de exibição das matérias de um telejornal na maioria das vezes não coincide com o de seu processo de realização/produção e, menos ainda, com a duração total dos acontecimentos; a relação temporal de concomitância entre a preparação das matérias, o desenvolvimento dos acontecimentos e sua exibição, o que aparentemente distinguiria os telejornais de outros programas, ocorre apenas em alguns de seus fragmentos, em que as técnicas de captação, gravação, exibição e consumo de sons e imagens trabalham com a simultaneidade, com a sincronia, o que faz, aliás, com que as notícias de última hora não sejam tão elaboradas como as demais.

Mas uma coisa é indiscutível: no complexo jogo temporal que os telejornais estabelecem, suas edições falam de acontecimentos cujo tempo de ocorrência pode ser, a partir do dia da edição e de seu horário de exibição, facilmente localizáveis ou deduzíveis.

Em síntese, as edições dos telejornais se veem obrigadas, pela natureza de sua pretensão, a jogar estrategicamente com diferentes possibilidades temporais. Nelas, mais do que em outros produtos televisuais, aparecem, de forma melhor definida e marcada, esses diferentes níveis de relações temporais que podem interferir na construção dos sentidos de seu texto, envolvendo não só as condições de realização/produção televisuais e o próprio produto, como o horário ocupado pelo programa na grade de programação, a relação entre este horário e o dos acontecimentos do mundo exterior relatados, ou seja, aqueles que lhes servem de referência e entorno, e o consequente tratamento temporal conferido às notícias apresentadas.

12.5 Da tonalização

Cada subgênero televisual atualiza, como já se vem afirmando, enquanto expectativa social ou prática de audiência, um tom principal e/ou uma dada combinatória tonal.

Os telejornais, para corresponderem ao regime de crença proposto pelo gênero/subgênero a que pertencem, a *veridicção*, recorrem aos distintos dispositivos discursivos, dentre eles o de **tonalização**, optando pela adoção, dentre as possibilidades por eles ofertadas, de procedimentos, em um dado contexto, considerados estratégicos; cercam-se, assim, de estratégias discursivas e mecanismos expressivos que garantam os efeitos de sentido de *verdade, autenticidade, credibilidade* de que carecem.

Um desses procedimentos estratégicos diz respeito, sem dúvida, à recorrência a uma combinatória tonal que reforce a sua proposição veridictória, ou seja, que estabeleça o ponto de vista a partir do qual sua narrativa quer ser reconhecida. Em razão disso, os noticiários televisuais centram, de modo reiterado, sua configuração tonal na tensão entre dois dos polos extremos da categoria **disposição**, *sobriedade* e *seriedade*.

Acontece que, ao tom principal expectativa do subgênero telejornal, se podem aliar outros tons com ele compatíveis (inerentes e/ou aderentes), ou, mesmo, incompatíveis.

Assim, do ponto de vista tonal, os telejornais, em seus formatos mais tradicionais, centram suas estratégias em torno do tom de *seriedade*, aliado a termos das categorias **tratamento**: *formalidade vs. informalidade*; **ritmo**: *regularidade vs. irregularidade*; **posição**: *neutralidade vs. comprometimento*; *distanciamento vs. proximidade*; **espessura**: *superficialidade vs. profundidade*. Dessa maneira, ao tom de *seriedade* alinham-se outros, como *formalidade, contração, neutralidade, distanciamento, profundidade, regularidade*, etc., que só fazem, assim combinados, reforçar a *seriedade* necessária à produção dos efeitos de *verdade, autenticidade* e *credibilidade* pretendidos.

Frente às inúmeras possibilidades de combinação tonal, cada formato, em seu processo de realização, manifesta sua escolha tonal, expressa por uma determinada combinatória de tons, que passam então a identificá-lo, podendo ou não corresponder à expectativa tonal *stricto sensu* do subgênero.

Dessa maneira, embora já tenham como expectativa o tom que lhes seria adequado, cada um dos telejornais pode opcionalmente acessar novas combinatórias tonais que distingam o formato por ele adotado do subgênero *stricto sensu*, o que faz com que cada noticiário televisual comporte elementos já dados e elementos novos, enviando, obrigatoriamente, a combinatórias tonais pré-existentes, previstas pelo subgênero, mas reservando espaços para o novo, o surpreendente, que o identifica enquanto formato.

E alguns formatos, diga-se de passagem, fraturam ou até mesmo rompem com a expectativa tonal do subgênero, substituindo-a, alterando-a, propondo novas combinatórias tonais que se tornem marcas registradas de um telejornal em particular, pois elas atuam também como signo de diferenciação, com forte potencial fidelizador do público telespectador.

É de se perguntar, como se vem reiterando, sobre a função desempenhada pelos apresentadores/condutores/mediadores dos telejornais no processo de tonalização do formato adotado: capitalizam para si a responsabilidade de proposição, manutenção, modulação e gradação do tom do telejornal por eles apresentado ou subscrevem aquela combinatória tonal tão bem definida pelo subgênero?

Embora a combinatória tonal dos telejornais, normalmente, se manifeste de forma disseminada e difusa, exigindo que se perscrute o texto em busca dos elementos que sustentam sua manifestação, em alguns formatos a expressão do tom concentra-se na figura discursiva do apresentador/condutor/mediador, que convoca para si a responsabilidade da manifestação tonal.

Nessa perspectiva, as diferenças entre as combinatórias tonais privilegiadas podem distinguir entre si os distintos formatos adotados pelos telejornais, cabendo à instância produtora acessar as virtuais possibilidades e vertentes tonais, selecioná-las ou combiná-las, projetando umas sobre as outras, com vistas à conferência não só de identidade ao programa, como sua adequação ao entorno: não se pode esquecer que os telejornais podem se dirigir a públicos internacionais, nacionais e locais.

Do ponto de vista de sua expressão, os telejornais, de modo geral, estruturam-se de forma a corresponder e sustentar os traços tonais selecionados, investindo na configuração dos apresentadores pela função que podem exercer nesse processo de conferência tonal, que, em princípio, seria avesso a expressões de personalidade e subjetividade. Quando a combinatória tonal gira em torno do tom de *seriedade*, ela deve ser confirmada pelos apresentadores, tendo como formas de expressão sua aparência física, postura corporal, penteado e vestuário tradicionais, comportamentos comedidos, entonação de voz pausada, uso impecável da linguagem verbal, etc. Mas isso nem sempre ocorre.

Há também toda uma outra gama de mecanismos expressivos que corroboram a manutenção do tom privilegiado, colados ao que é dito ou mostrado. Esses mecanismos dão-se a ver na sequência das emissões, não só pela repetição ancorada na reiteração dos cenários, do número de blocos, da forma de estruturação desses blocos, dos bordões de abertura, de passagem de um bloco a outro e de fechamento etc., como pela presença e comportamento reiterado dos apresentadores, dia após dia, ano após ano.

12.6 Das observações adicionais

As seleções privilegiadas pela instância de realização/produção dos telejornais, no que concerne aos procedimentos de atualização dos distintos dispositivos, normalmente operam sobre o fundo comum de discursos em suas distintas realizações anteriores, constitutivo do paradigma do subgênero telejornal. Por vezes, não obstante, tais seleções surpreendem indo de encontro ao esquema geral estatuído.

À guisa de exemplo, cita-se o *Jornal do SBT Manhã*, exibido na programação da referida emissora de março de 2004 a agosto de 2005, que surpreendeu e, por que não?, inovou!

Apresentado por Analice Nicolau, modelo e atriz, e Cynthia Benini, jornalista e atriz, ambas participantes de um *reality show* da emissora, *Casa dos artistas,* o telejornal era exibido às 6h da manhã, de segunda a sexta-feira, com duração de trinta minutos. Além delas, como participantes fixos, havia três comentaristas: José Neumann Pinto, Denise Campo de Toledo e Daniela Freitas, responsáveis, respectivamente, pelos quadros *Direto ao assunto*, *Sobre economia* e *Esportes.*

A estranheza que o programa inicialmente causou residia, certamente, no uso que fazia de seus dispositivos discursivos, em particular dos de actorialização, espacialização, temporalização e tonalização, dissonantes em relação ao modelo estratificado do subgênero.

A ruptura operada pelo *Jornal do SBT Manhã* sustentava-se na quebra de princípios estruturadores dos telejornais de três ordens: (1) o relativo às relações temporais entre o tempo de ocorrência dos acontecimentos do mundo exterior e as notícias sobre eles veiculadas; (2) o concernente à configuração, qualificação e credenciamento dos apresentadores/condutores/mediadores do telejornal; (3) o referente à configuração espacial interna do telejornal, com foco no cenário.

No tocante ao primeiro ponto, é preciso ressaltar que, diferentemente de outros, o *Jornal do SBT Manhã* era uma emissão gravada na noite anterior, composta pela reapresentação de notícias antes exibidas – reportagens, entrevistas, quadros já apresentados ao longo da semana. Assim, eram veiculados na sexta-feira, por exemplo, os resultados de partidas de futebol ocorridas na quarta-feira anterior. Ora, qualquer telejornal de respeito deve, rezam as normas, se preocupar com o caráter de novidade e atualidade das notícias veiculadas, ou seja, com o *em cima da hora*.

Tal exigência impõe a utilização, no caso de reapresentação, de todo um processo de *requentamento* das notícias. Até mesmo canais como a Globo News, que apresentam novos noticiários a cada duas horas e que, portanto, se veem obrigados a repetir informações, recorrem não só à troca dos apresentadores, como são compelidos a maquiar com novas roupagens os acontecimentos já noticiados. Assim, iniciar o dia com um noticiário gravado na noite anterior, contendo notícias repetidas tal e qual foram veiculadas ao longo da semana, fere todos os princípios e normas do subgênero, tão bem cultivados pelo telejornalismo nacional e internacional.

Quanto ao segundo ponto, referente à escolha das apresentadoras, convém lembrar que participar de um *reality show* pode dar dinheiro e até fama, mas, certamente, não qualifica as condutoras de um telejornal, pois essa participação, preconceituosamente é verdade, coloca sob suspeição os atores sociais que aceitam participar do jogo, comprometendo sua credibilidade. Além disso, à época, os apresentadores de telejornais eram preferencialmente homens, jornalistas por profissão, o que não era o caso de Analice Nicolau.

Mais ainda, devido à relevância do papel e da função que desempenham nos noticiários, a expectativa geral é que seus apresentadores/condutores saibam vestir-se e comportar-se à altura da tarefa que lhes cabe, ou seja, a de fornecer informações confiáveis e seguras à população. Saias curtas, pernocas de fora, calcinhas à mostra, acompanhadas de visível ignorância e despreparo, ilustrados por uma série de gafes, não é bem o que se espera de um telejornal sério. Poder-se-ia perguntar até mesmo, por que, se o programa era editado, esses problemas não eram corrigidos?

E, como se não bastasse o já descrito, a própria emissora se encarregava deliberadamente de contribuir para essa carência de *seriedade* generalizada ao optar pela utilização de um cenário com bancada vazada, que possibilitava a reiterada focalização das câmeras mais nas curvas das apresentadoras do que nas notícias veiculadas.

Certamente, o *Jornal do SBT Manhã* apostou estrategicamente no rompimento com as expectativas, normas e princípios do subgênero, na tentativa de fugir à mesmice; já que não podia fazer frente ao poderoso, qualificado e bem equipado departamento de telejornalismo da Rede Globo, investiu, ao menos temporariamente, na configuração apatifada de um noticiário que beirava à *gozação* e à *pilhéria*, embora apresentasse as mesmas notícias que outros.

A reação foi imediata: alguns se tornaram cativos da emissão; a grande maioria, porém, deu preferência ao formato tradicional para o horário. Afinal, os brasileiros, embora o neguem, são tremendamente *caretas*. A RedeTV, como forma de reação, chegou a fazer, no humorístico *Pânico na TV,* uma paródia do *Jornal SBT da Manhã*, apresentada em 03.07.03, na qual as protagonistas, Sabrina Sato e Tânia Oliveira, de minissaias, cruzavam as pernas, de forma exagerada, mostrando as calcinhas.

Mas, embora posteriormente a emissora tenha recuado, voltando a adotar o formato tradicional do subgênero, com a contratação mesmo de uma equipe de ex-globais, capitaneada por Ana Paula Padrão, não se pode deixar de reconhecer a coragem dessa tentativa de ruptura.

13 Telejornais: das alterações em curso

Os telejornais são atualmente os programas que melhor configuram as transformações em curso no ambiente televisual. E elas são de várias ordens, dizendo respeito não só à interferência do acelerado desenvolvimento tecnológico na forma de realização dos produtos televisuais, como aos impactos provocados pelas profundas alterações estruturais da sociedade brasileira, pela pandemia que assola o planeta e hoje pela iminência de uma terceira guerra mundial.

Os telejornais necessitam, dessa forma, para se manterem no ar e honrarem a promessa de *janela aberta para o mundo*, de um lado, ofertar concretamente informações de caráter local, nacional e internacional em direção a uma mundialização que lhes permita fazer frente à concorrência representada pela web/internet; de outro, submeter-se a um processo de adaptação, ou seja, de ajustamento de seus formatos ao contexto atual.

13.1 Das apropriações tecnológicas

Indubitavelmente as novas tecnologias e mídias digitais ameaçam o domínio e o controle absolutos que a televisão, durante muito tempo, deteve sobre o mercado midiático. Assim, como opção estratégica de resposta a essa ameaça, a televisão vem buscando delas se apropriar, colocando-as a seu serviço, ou seja, delas se utilizando em prol de um melhor desempenho da tarefa que arrogaram para si. Os telejornais, em particular, ao apresentarem seus relatos, vêm-se movimentando nessa dupla direção, procurando não só agregar as contribuições advindas das novas tecnologias digitais que, convenha-se, não podem ser ignoradas, como manter o controle sobre esse processo de convergência midiática que intentam domesticar.

Na construção das notícias que veiculam, os telejornais recorrem, hoje mais do que antes, às mais diversas possibilidades de convergência com outras mídias, em particular com a web/internet, então convocadas a atuarem tanto via inserção direta no interior da própria trama narrativa, como sob a forma de participação indireta, pela apropriação não explicitada. Todos esses novos recursos, aportados, em particular pelas tecnologias digitais, interferem diretamente na estruturação do texto dos telejornais tanto do ponto de vista expressivo como no que concerne ao seu conteúdo, ao proporem novas linguagens, ao disponibilizarem recursos mais sofisticados para a construção dos relatos televisuais, ao transporem com maior facilidade limitações como o tempo e o espaço, entre outras.

E o exame das novas roupagens que vêm revestindo os telejornais, decorrentes dessas relações de convergência da televisão com outras mídias, suportes, telas, convocadas para tomarem parte no próprio texto da emissão, evidenciam as interferências dessas tecnologias de ponta no contorno dos formatos que vêm sendo por eles adotados.

Dentre tais revestimentos, destacam-se os de convergência com outras telas, não só aquelas que possibilitam ao telespectador definir **quando** e **onde** querem consumir suas narrativas, como as convocadas pelos telejornais para tomarem parte na própria emissão do programa.

13.1.1 Entre telas, espaços e tempos

Os textos dos telejornais operam com distintas temporalidades, tendo por base a convergência com as novas tecnologias. São elas que permitem esse jogo entre tempos e espaços, decorrente da apropriação de um conjunto de suportes, plataformas e dispositivos advindos de outras mídias, então mobilizados para a realização, a veiculação e o consumo dos programas televisuais.

A convocação de outras telas para atuarem no interior dos textos dos telejornais, via inserção na própria trama das narrativas, tem um caráter orgânico: são extensões dos relatos--matriz que, ao serem integradas na tela da emissão que exibe o programa, dão conta de diferentes versões de uma mesma narrativa, melhor concorrendo para a compreensão dos fatos e acontecimentos relatados, pois os oferecem sob diferentes óticas e perspectivas.

Essas telas, advindas da própria televisão ou mesmo de outras mídias (via internet), ao participarem da construção dos relatos, permitem uma maior interação entre os diferentes níveis de atores presentes nas emissões dos telejornais e, até mesmo, a atuação dos telespectadores. Ora, as edições de diferentes noticiários vêm recorrendo ostensivamente a esses jogos expressivos fundados na articulação entre várias telas, possibilitados pelas novas tecnologias.

A concorrência e a articulação dessas distintas telas que descortinam simultaneamente fragmentos diversos do planeta, permitem, no caso dos telejornais, não só novas possibilidades de interação com os correspondentes, enviados especiais, repórteres, comentaristas, protagonistas de acontecimentos, testemunhas, muitas vezes em lugares e temporalidades distintas, como com os telespectadores, fazendo com que deixem, pouco a pouco, a cômoda condição de meros espectadores para se tornarem verdadeiros interlocutores, usuários e produtores.

O manejo com essa multiplicidade de telas, muitas apresentadas simultaneamente, e cada uma delas contando com atores e referindo espaços e tempos diversos, adota, do ponto de vista de sua expressão, diferentes formas de articulação. Trata-se de um movimento permanente que envolve *imposição vs. deposição* de telas, cuja *disposição*, do ponto de vista expressivo, prevê inúmeras variantes:

- **superposição de telas**: apresentação simultânea de uma ou de múltiplas telas, superpostas à tela principal, articulando diferentes espaços e, muitas vezes, temporalidades. Esse procedimento, do ponto de vista dos sentidos, retira em parte o poder irrestrito e centralizador do apresentador/mediador, ao dispersar o comando da emissão e, com isso, a atenção do telespectador;
- **sobreposição de telas**: apagamento da tela principal (cenário e tempo) e sua substituição por outra(s). Esse movimento, do ponto de vista dos sentidos, desloca temporariamente para outrem o comando da emissão e a atenção do telespectador;
- **interposição de telas**: colocação de uma nova tela entre as que já se superpõem à tela principal, sem o apagamento ou substituição de nenhuma das anteriores. Esse movimento, do ponto de vista dos sentidos, subtrai em parte o poder centralizador do apresentador/mediador e divide o próprio comando da emissão, deslocando a atenção do telespectador para um novo acontecimento e/ou posicionamento;

- **reposição de telas**: retorno à tela principal. Esse movimento, do ponto de vista dos sentidos, restitui o poder centralizador e o comando da emissão ao apresentador/mediador, focalizando a atenção do telespectador;
- **contraposição de telas**: divisão ao meio da tela principal, abrindo espaço para uma segunda tela que se contrapõe à principal. Esse movimento opera uma partilha do poder e comando da emissão e descentra a atenção do telespectador.

Há, como se pode ver, todo um investimento de sentidos no manejo dessas telas, agregando valores e relevância aos conteúdos veiculados e interpelando o telespectador. Os diferentes telejornais diários, como já se referiu, são um bom exemplo desses jogos entre tempos, espaços e telas. E essa convocação de outras telas, advindas da própria televisão ou de outras mídias, para participarem da construção dos relatos, via inserção na própria trama das narrativas, dá conta da interação entre os diferentes níveis de atores presentes nas emissões dos telejornais e abre espaço, até mesmo, para a atuação dos telespectadores.

Com o exposto se quer dizer, pasmem, que o jogo de telas que se dá no interior dos textos televisuais, em particular dos telejornais, tem um estatuto bem evidente: **essas telas operam como linguagens que sobredeterminam as demais**. São formas de expressão que assinalam não apenas os tempos, os espaços e os atores envolvidos, mas manifestam sentidos referentes à relevância dos acontecimentos apresentados, aos deslocamentos de poder e função dos atores envolvidos. Mais ainda, atribuem aos telespectadores novas funções que vão bem além de mera escolha do programa a que querem assistir ou da tela em que desejam consumi-lo.

13.2 Dos ajustamentos discursivos/expressivos

O contexto atual vem obrigando os telejornais a operarem renovações significativas nos formatos mais tradicionais, a deixarem de lado os modelos mais engessados, tão insistentemente cultivados, ao longo do tempo, pelas próprias emissoras, em prol de proposições mais compatíveis com o *novo normal*. E essas tendências renovadoras vêm ganhando força: os noticiários, nestes tempos de pandemia e guerra, procuram se adaptar, abdicando de algumas de suas normas e rituais, já cristalizados ao longo dos anos, em nome de um bem maior.

Nesse *novo normal*, embora alguns telejornais continuem insistindo na manutenção da forma de estruturação convencional, privilegiando formatos engessados que se reportam ao modelo tradicional, a grande maioria registra mudanças estruturais significativas, operando não só atualizações do modelo convencional, como realizando as transformações discursivas necessárias para dar conta desse novo contexto. Se elas serão permanentes, só o tempo dirá!

13.2.1 Tematização/figurativização

As edições dos telejornais, que antes se estruturavam a partir da articulação de múltiplas e distintas informações – sobre fatos e/ou acontecimentos variados de ordem política, social, cultural, administrativa e outras, de âmbito local, nacional e/ou mundial –, hoje focalizam sua atenção em uns poucos temas centrais, de modo geral, articulados entre si.

É que, nesses tempos de pandemia e guerra, a escolha do que deve fazer parte da pauta de suas edições, sempre uma opção estratégica das emissoras, passou a priorizar as lógicas sanitárias, ecológicas e políticas: as notícias veiculadas tratam tão somente do coronavírus e das *fake news* sobre ele, dos incêndios no Pantanal, e, atualmente, da guerra em curso.

Como o processo de distribuição e encadeamento das notícias, contendo informações sobre fatos e/ou acontecimentos recém ocorridos centra-se nestes temas, tentando, com isso, corresponder aos interesses e curiosidades dos telespectadores, as edições dos telejornais vêm exibindo diariamente dados de caráter local, nacional e mesmo internacional referentes à Covid – número de infectados, de mortos, de vacinados, de hospitalizados –, chamando umas poucas reportagens e entrevistas ao vivo em tempo real e simultâneo à sua apresentação, com cientistas, virologistas, imunologistas e pacientes que não só confirmam ou testemunham o noticiado, como alertam a população para os cuidados necessários, para a necessidade de adesão à vacinação, etc. E, além disso, as emissoras falam da guerra, inserindo nos noticiários matérias sobre ela, testemunhos pungentes de pessoas em fuga, da destruição vigente ou do caos instalado; pessoas que fazem doações aos mais necessitados; além disso, todos eles enfatizam sua crítica ao comportamento negacionista do presidente Bolsonaro.

Os textos das emissões dos telejornais tornaram-se, em consequência, menos fragmentados do ponto de vista de seu conteúdo, configurando-se como uma sucessão de itens ordenados sobre uns poucos temas, de maneira a melhor satisfazer os interesses da emissora e a curiosidade de seu público telespectador. E, para quebrar essa concentração temática, essa monotonia pandêmica e bélica, recorrem a alguns dos muitos descalabros da fala presidencial.

13.2.2 Espacialização

Frente à ameaça que paira sobre todos, o processo produtivo das notícias, que normalmente envolve uma equipe capacitada e variada de profissionais, está bem mais enxuto. Dessa forma, os responsáveis pela captação dos acontecimentos do mundo exterior – agências de notícias internacionais e nacionais, correspondentes, repórteres, fotógrafos e cinegrafistas –, e mesmo os que atuam no interior do próprio meio – pauteiros, editorialistas, redatores, operadores de edição, etc.
– vêm conferindo um ritmo mais lento à produção/veiculação de notícias.

Além disso, a expressão *de casa* entrou em pauta no que concerne à distribuição dos espaços em que se movimentam os telejornais, que, atualmente, podem ser configurados como **internos**, ou seja, os de estúdio da emissora; **externos**, ou seja, o palco dos acontecimentos; e *de casa*, referentes a um espaço fechado, a sala ou escritório das residências de apresentadores, comentaristas, analistas, então transformados em estúdio, mas cuja decoração original fornece dados sobre esses profissionais enquanto atores sociais que, então, se colam à sua imagem como atores discursivos.

O tratamento discursivo e expressivo desses diferentes espaços e mesmo temporalidades vem-se sustentando na recorrência ostensiva à articulação de diversas telas, que, independentemente dos suportes que as veiculam, visitam diferentes espaços e tempos e oferecem novas possibilidades de interação do apresentador/mediador/âncora com os correspondentes, enviados especiais, repórteres, comentaristas, protagonistas dos acontecimentos, testemunhas que podem estar em lugares e temporalidades distintas.

13.2.3 Actorialização

Os apresentadores/condutores/mediadores dos telejornais, ou seja, os protagonistas centrais das emissões, têm trabalhado muitos deles *de casa* e partilham mais do que nunca o comando das edições com um segundo nível de atores – correspondentes internacionais, enviados especiais, repórteres, comentaristas, protagonistas dos acontecimentos, testemunhas, entrevistados –, alguns também em *home office*, que, quando interpelados pelos apresentadores, desempenham, no interior das notícias veiculadas, o papel de enunciadores.

Assim, por ora, os apresentadores, em que pese as inúmeras funções que, por ofício, lhes são atribuídas, vêm atuando, antes de tudo, como **mediadores** entre todos esses participantes; vêm relacionando, como é o caso dos telejornais do Grupo Globo, ostensivamente todas essas ocorrências à realidade política, social e econômica do país; vêm indicando sub-repticiamente como os telespectadores devem interagir com essas informações, com os valores que vêm sendo colocados em pauta. Não se pode esquecer que, ao transformar em discurso um acontecimento, a televisão manifesta sempre, além disso, seus próprios interesses institucionais.

Merece ainda destaque, por sua relevância social, o fato de que muitas das redes e emissoras de televisão, como é o caso da Rede Globo, vêm alterando significativamente a configuração dos profissionais participantes dos telejornais.

Embora eles se pautem por um comportamento discreto de não concentração dos valores e tons do programa na sua atuação, essa equipe de profissionais contratados, principalmente os apresentadores/mediadores, vem passando por um processo de individuação, de conferência de uma identidade social.

Tanto isso é verdade que eles fazem, no ar, ao vivo e, portanto, com o consentimento da emissora, alusões:
- à sua raça – hoje grande parte dos apresentadores pertence assumidamente à raça negra;
- à sua opção sexual – hoje muitos dos apresentadores, comentaristas, analistas, que são homossexuais, fazem menção a isso, falando até mesmo de seus companheiros.

Outro fato a enfatizar é o aumento significativo da participação feminina nos telejornais. Sim, pois elas têm *pedigree*, são desdobráveis, continuam, como no dizer de Adélia Prado (1979), *cumprindo a sina, inaugurando linhagens, fundando reinos, marcando seus espaços, suas posições*.

Isto não quer dizer, entretanto, que as emissoras tenham abdicado da beleza, magreza e elegância de seus contratados.

Todo esse processo manifesta *intencionalmente* a postura assumida por essas emissoras contra preconceitos de raça, orientação sexual e privilégio de sexo.

13.2.4 Temporalização

As emissoras generalistas, bem como as temáticas, aumentaram, por vezes significativa e indefinidamente, o tempo de duração das edições dos telejornais, antes com horários fixos de apresentação, para dar conta do que vem ocorrendo *lá fora*, já que, devido ao enclausuramento generalizado, vem sendo vedada a participação da maioria da população.

13.2.5 Tonalização

O processo de tonalização dos telejornais vem sofrendo alterações significativas, **não** no concernente à atribuição do tom principal da *seriedade* que identifica o subgênero telejornal, mas em suas combinatórias tonais que, na maioria das vezes, foram acrescidas de tons de *subjetividade, pessoalidade, intranquilidade, revolta, emocionalidade, dramaticidade e informalidade*, acréscimo este decorrente das consequências funestas da pandemia, da guerra, da postura negacionista do governo federal.

13.3 Das tendências em curso

A mera observação dos telejornais atualmente em exibição pela televisão brasileira possibilita a identificação da coexistência no ar de, ao menos, quatro tendências estruturais, que atestam as alterações em curso no que concerne ao modo de organização e *dizer* desse tipo de programa. Daí por que cabe um exame mais aprofundado dos formatos que atualmente vêm sendo empregados pelos telejornais, com vistas a melhor verificar as repercussões dessas alterações e as formas de manifestação dessas interferências. Sim, porque, embora alguns telejornais continuem insistindo na manutenção da forma de **estruturação convencional**, adotando um formato engessado que se reporta ao modelo tradicional antes descrito, a grande maioria registra mudanças estruturais como as que vêm sendo descritas.

Há, assim, aqueles telejornais cujo formato adotado vem buscando realizar uma **atualização** do modelo convencional, operando as transformações necessárias à incorporação das novas tecnologias, à adequação às alterações sociais e comportamentais e ao contexto de pandemia.

Outros ainda propõem um formato mais de **vanguarda**, cuja estrutura renovadora distancia-se do modelo convencional, realizando não só adequações necessárias à incorporação das novas tecnologias, como operando ajustamentos engenhosos na apresentação formal das notícias, tais como: maior circulação entre os atores sociais que desempenham a função discursiva de apresentador/mediador/âncora do telejornal; a partilha da bancada entre os apresentadores/âncoras e comentaristas/analistas presentes, embora a maioria deles participe via superposição e composição de telas; a conferência de um tom de maior *descontração, subjetividade* e *parcialidade* à emissão, ainda que não se oponha ao de *seriedade*, próprio dos noticiários; a apropriação, embora de forma bastante comedida, de imagens e áudios enviados por telespectadores/usuários, via celular; a utilização, de maneira sofisticada e cuidadosa, dos novos aportes tecnológicos, usufruindo de todas as vantagens aportadas por quem dispõe de tecnologia avançada e de uma equipe de operadores altamente qualificada, o que possibilita, mesmo alterando o modelo, não ferir os princípios norteadores dos noticiários em geral, tampouco a gramática do televisual.

Finalmente, identifica-se também a presença de uma **tendência substitutiva**, cujo formato empregado abdica inteiramente do modelo convencional, apropriando-se deslavadamente daquele que vem sendo utilizado pela internet/web: emprega de forma descarada as contribuições por ela aportadas; insere, no corpo da edição, via entradas ao vivo, matérias que são destaque na *web*; conta com a participação massiva dos usuários, que dividem a tela e interagem diretamente com apresentadores e/ou repórteres; pretere, enfim, o modelo convencional de telejornal e a própria gramática do televisual em prol de um texto híbrido, que não é televisão, nem *web*, transformando o cenário do programa em uma grande rede social e fazendo com que os consumidores percam o distanciamento tão necessário à reflexão e à análise do que está sendo noticiado. Essa tendência, ao pretender incorporar a gramática webiana, fere frequentemente as normas da gramática do televisual, destituindo a televisão da condução do programa e desistindo de seu propósito de domesticar as novas tecnologias, isto é, de manter o controle sobre elas, fazendo com que trabalhem em seu favor.

O estudo que ora se finaliza centrou sua atenção no processo bastante complexo de **estruturação discursiva e expressiva dos telejornais**, com o propósito maior de identificar as novas tendências, ou seja, as novas proposições de modelos e formatos adotados na estruturação dos textos dos telejornais.

13.4 Das considerações

Em que pese essas diversas tendências em curso, vale mais uma vez reafirmar que, sem dúvida, as narrativas veiculadas pelos telejornais ganharam maior amplitude com os novos aportes tecnológicos, com a concorrência simultânea de várias telas e, com elas, a agregação de novos cenários, espaços, tempos, atores, o que, de certa forma, dificulta até mesmo a definição de seus limites e de seu âmbito de atuação: suas fronteiras ficaram bastante difusas, pois há um apagamento deliberado das linhas claras de demarcação entre o que é **intra**, **inter** ou **paratextual**.

A oferta simultânea de vários mundos possíveis, de diferentes narrativas concomitantes, de espaços e tempos que se superpõem, incitam os telejornais a irem muito além de si mesmos, a ultrapassarem seus limites formais, demonstrando e apontando inúmeras suplementaridades; sendo sempre algo mais do que aquilo que está enquadrado nas fronteiras restritas de uma dada edição.

Para além disso, tudo faz pensar que as incontáveis possibilidades de armazenamento e arquivamento de dados aportados pelas novas tecnologias dos telejornais sejam **matéria prima** de alta qualidade (fonte primária) para a reconstituição da História mais recente em nível planetário. Trata-se de uma extensa documentação que pode se tornar preciosa nas mãos de historiadores, tanto para a sua produção historiográfica, como epistemológica, visto que permite, inclusive, a comparação e confrontação de diferentes versões sobre um mesmo acontecimento.

Ainda algumas anotações

> Eu preparo uma canção
> em que minha mãe se reconheça,
> todas as mães se reconheçam,
> e que fale como dois olhos.
> (embora eu só tenha um!)
>
> (Carlos Drummond de Andrade)

Os escritos aqui reunidos traduzem o meu fascínio por *narrativas* e registram a tentativa de constituir um espaço organizado para o seu estudo; eles, caso não se tenha percebido, são uma forma de prestar meu tributo a esses relatos que tanto revestem de humanidade a nossa história.

Contar e escutar histórias, como já se referiu, é uma atividade que sempre encantou os homens e as mulheres, como eu. É que essas narrativas, factuais e/ou ficcionais, dizem de nós; escancaram sem pejo nossos sonhos e mazelas, relatam, direta ou indiretamente, nossa história. É só pensar como esses escritos falam da minha trajetória profissional e pessoal, dos conceitos de que me apropriei, das concepções que procurei traduzir ou desenvolver.

E é nessa perspectiva que história e narrativa se complementam, pois toda história é feita de/por narrativas, é constituída pelo *contar* sobre eventos, a partir de dados, vivências, indícios, organizados com o objetivo de explicar o seu porquê, sua forma de ocorrência. Por isso, tratando de fatos reais ou imaginários, mitos ou lendas, são muitas as maneiras pelas quais as narrativas se manifestam.

Ora, a televisão, cumpre dizer, tem sido uma aliada de peso nessa tarefa, respondendo à altura ao desafio: a trajetória que vem persistentemente trilhando não nega seus interesses: os dois subgêneros de programas com maior incidência e audiência na grade de programação das emissoras brasileiras de televisão são os telejornais e as telenovelas. Trata-se de narrativas que, falsas ou verdadeiras, pouco importa, alimentam as expectativas e aspirações dos telespectadores.

Daí o meu interesse pelas narrativas televisuais. Mais ainda, acredito não estar sozinha, tenho a companhia de respeitáveis parceiros espalhados pelo mundo. E hoje, curiosamente até mesmo o mundo político que, por vezes, fala tão mal da televisão, rendeu-se ao conceito de *narrativa*, o que só faz comprovar uma das afirmações iniciais desta jornada: os seres humanos – em português, não há neutro! – nunca se fartaram de produzir narrativas. Falsas?! Verdadeiras?! Difícil classificar! Isto depende da perspectiva adotada por quem as produz e/ou consome; isto depende do jogo de interesses em pauta; isto depende dos recursos disponíveis e atualizáveis.

É indiscutível o poder de que se revestem as narrativas televisuais – factuais, ficcionais, simulacionais; a força de sedução ou intimidação que exercem. A quem, finalmente, elas se sujeitam? A serviço de quem elas atuam? Difícil definir; mais ainda, estão aí milhares de mortos atestando como seu poder, por vezes, pode ser nefasto.

Restam muitas questões, mas, de todas, talvez a mais relevante frente a essa efervescência midiática seja como projetar o futuro da televisão. A televisão, enquanto fábrica de narrativas, enquanto produtora de conteúdos, parece não ter o que temer – seus produtos, independentemente das plataformas que os exibam e veiculem, têm espaço e consumo garantidos; já, quanto ao modo de funcionamento e atuação, seu devir parece incerto, por vezes agonizante.

É que as narrativas televisuais, objeto do presente estudo, são hoje produzidas em um ambiente de promiscuidade midiática em que as linguagens lógicas convocadas pelas tecnologias interagem com distintas e articuladas semióticas; em que as próprias tecnologias atuam como linguagens.

Mais, os estudos sobre a relação entre essas distintas linguagens se caracterizam por graus bastante desiguais de desenvolvimento e ecletismo metodológico; ignoram muitas vezes a estreita articulação entre elas, unidas que estão em seus fundamentos; desdenham, por outro lado, o fato de que as atividades humanas, formuladas em termos de discurso, são apreendidas como interações, possibilitando, com isso, a passagem do individual ao social.

Ora, se qualquer ação é simultaneamente interação; se qualquer discurso pressupõe a interface de sujeitos discorrentes, abrindo espaço para abordagens discursivas, quaisquer linguagens, articuladas ou não, como instâncias produtoras de significação e sentidos, são também atividades de comunicação.

Além disso, se o modo de funcionamento e atuação, se a forma tradicional de estruturação e difusão dos produtos televisuais vem dificultando o consumo dessas narrativas – são textos imensos, cujos processos de produção e exibição se estendem por meses a fio, o que torna seu consumo na íntegra tarefa praticamente inexequível –, tudo leva a crer, considerando suas novas formas de exibição, que os formatos até então em uso estejam em fase de revisão, de adaptação.

Daí, por outro lado, a necessidade de preservá-los, de guardar o seu registro, especialmente no caso dos telejornais que, uma vez exibidos, são produtos com data vencida.

Assim, para além desses desafios, aos quais se vem tentando reiteradamente responder, há um outro empecilho que merece especial atenção, pois, embora possa parecer, devido ao seu caráter mais pragmático, bem menos relevante, não só é igualmente importante, como, na sua ausência ou carência, inviabiliza a pesquisa em televisão: a impossibilidade de acesso à produção televisual na íntegra, a inexistência de um acervo bem estruturado e suficientemente completo que permita a consulta e o acompanhamento das transformações por que vêm passando os produtos televisuais no decorrer do tempo, a evolução dos gêneros, o surgimento de novas propostas, a retomada de outras, as formas de incorporação dos avanços tecnológicos, e tudo mais.

Mais, a consciência da relevância do registro da memória e das experiências coletivas e individuais tem sido uma constante nos seres humanos. Embora o homem contemporâneo, auxiliado pelas novas tecnologias de comunicação, disponha de um arsenal muito mais sofisticado de formas de armazenamento e arquivamento de informações, cabe lembrar que essa condição pode ser utilizada tanto para o bem como para o mal. É só pensar nos telejornais, cujo modo de contar as narrativas das notícias adota muitas vezes estratégias discursivas próprias da construção do mito, procurando explicar e demonstrar, por meio da ação e do modo de ser das personagens, a origem dos males, as práticas consideradas responsáveis pelos dissabores e sofrimentos por que passam homens e mulheres pertencentes a uma mesma cultura e sociedade.

Ora, a carência de acervos e/ou a inacessibilidade aos arquivos existentes praticamente inviabilizam a análise detalhada, a comparação sistemática das distintas versões apresentadas pelos textos televisuais sobre os acontecimentos, dificultando sua interpretação e a identificação mais precisa das alterações em curso.

Finalmente, cabe ressaltar que dedicação e afinco nem sempre se mostram suficientes para quem se dispõe a examinar a produção televisual contemporânea. Os textos televisuais são produzidos na impureza do espaço midiático, cuja atualização se faz necessária à sua interpretação, à conferência de significação e sentidos. Devido à complexidade desse ambiente, não se pode pretender dar conta de todos os aspectos envolvidos na produção/realização dos textos televisuais. Vale antes examinar determinados elementos e, raras vezes, o processo em sua integridade, convocando tão somente aqueles aspectos e instâncias necessários aos propósitos de uma dada investigação.

...

Bem, e agora? Agora, com licença, o Mané que perdoe a intromissão, *vou-me embora pra Pasárgada*. Afinal, eu também sou amiga do rei. E, por lá, dizem, o telefone é tão somente automático!

14 Referências e Bibliografia

14.1 Referências bibliográficas:

ALTHUSSER, Louis. *Aparelhos ideológicos de estado*. 2. ed. Rio de Janeiro: Graal, 1985.

AUSTIN, John Langshaw. *Quand dire, c'est faire*. trad. Gilles Lane. Paris: Seul, 1970.

AUSTIN, John Langshaw. *Quando dizer é fazer*. trad. Danilo Marcondes de Souza Filho. Porto Alegre: Artes Médicas, 1990.

BACKES, Vanessa Cristina. *Telejornalismo: diferentes reconfigurações da notícia*. 2018. Dissertação (Mestrado em Comunicação) – Programa de Pós-Graduação em Comunicação, Universidade Federal de Santa Maria, Santa Maria, 2018.

BAKHTIN, Mikhail. *A cultura popular na Idade Média e no Renascimento*. Brasília: EDUNB, 1996.

BAKHTIN, Mikhail. *Marxismo e filosofia da linguagem*. São Paulo: Hucitec, 1981.

BARROS, Diana Luz Pessoa de. *Teoria do discurso: fundamentos semióticos*. São Paulo: Atual, 1988.

BARROS, Diana Luz Pessoa de. *Teoria semiótica do texto*. São Paulo: Ática, 2008.

BARTHES, Roland. Rethorique de l'image. *Communications*, Paris, v. 4, 1964.

BARTHES, Roland. *Lição*. Lisboa: Edições 70, 1979.

BARTHES, Roland. *Mitologias*. São Paulo: Difel, 1982.

BARTHES, Roland. *Aventura semiológica*. São Paulo: Martins Fontes, 1985.

BARTHES, Roland. *A câmara clara*. Lisboa: Edições 70, 1989.

BARTHES, Roland. *Le neutre – Cours au Collège de France*. Paris: Seul, 2002.

BARTHES, Roland. *Elementos de semiologia*. São Paulo: Cultrix, 2012.

BAUDRILLARD, Jean. *Tela total: mito-ironias da era do virtual e da imagem*. Porto Alegre: Sulina, 1997.

BERGSON, Henri. *La risa*. Buenos Aires: Losada, 1939.

BERGSON, Henri. *O riso*. Rio de Janeiro: Guanabara, 1987.

BEVENISTE, Émile. *Problemas de linguística geral I e II*. São Paulo: Nacional/USP, 1976.

BUYSSENS, Eric. *La communication et l'articulation linguistique*. Bruxelas: Universidade de Bruxelas, 1967.

CALABRESE, Omar. *A idade neobarroca*. Lisboa: Edições 70, 1999.

CALABRESE, Omar. La informacion y el espectador: un juego de pasiones. In: _____. *Los juegos de la imagen*. Bogotá: Instituto Italiano de Cultura, 1995.

CASELLA, Cesar Fernandes; TEIXEIRA, Lauro Henrique de Paiva. Televisão digital interativa: a usabilidade como linguagem de uso. In: *XXX Congresso Brasileiro de Ciências da Comunicação*, Intercom, Santos, 2007. 29 ago. a 2 set.

CASTRO, Maria Lília Dias de. Autopromocionalidade em televisão: movimentos e configurações. *Animus*, Santa Maria, v. 15, p. 53-68, 2009.

CASTRO, Maria Lília Dias de. Em torno da autopromoção: o Samba da Globalização. *Revista Signos do Consumo*, v. 2, p. 21, 2010.

CASTRO, Maria Lília Dias de. Texto promocional: o desafio do modelo teórico-metodológico. *Revista Contracampo*, v. 28, p. 155-171, 2014.

CASTRO, Maria Lília Dias de. Movimento autopromocional no âmbito da televisão no país. *Revista GEARTE*, Porto Alegre, v. 2, p. 290-306, 2015.

CASTRO, Maria Lília Dias de; ANDRES, Fernanda SAGRILO; SOUZA, Gabriel. Texto autopromocional e suas possibilidades interpretativas. *In Texto*, Porto Alegre, v. 01, p. 329, 2016.

CASTRO, Maria Lília Dias de. Novas tecnologias na ótica do discurso promocional televisual. *Revista Comunicação & Inovação*, v. 17, p. 35-50, 2016.

CASTRO, Maria Lília Dias de. Promocionalidade televisual em tempos de novas tecnologias. *Revista Observatório*, v. 2, p. 301-321, 2016.

CASTRO, Maria Lília Dias de; RABAIOLLI, Janderle; ANDRES, Fernanda Sagrilo. Sobre a construção de uma gramática do promocional televisivo. *Revista Comunicação Midiática*, v. 13, p. 08-19, 2018.

CHAMBAT-HOUILLON, Marie-France; LEBTAHI, Yannick (Orgs.). *Télévision et justice*. Paris: L'Harmattan, 2010.

COURTÉS, Joseph. *Introdução à semiótica narrativa e discursiva*. Coimbra: Almedina, 1979.

DERRIDA, Jacques. *Gramatologia*. São Paulo: Perspectiva/USP, 1973.

DISTEFANO, Giuseppe. *Simetrias e interaciones verbales con función de marco em romances viejos*. Disponível em: https://dialnet.unirioja.es/descarga/articulo/4242399.pdf. Acesso em: 21.07.21.

DUARTE, Elizabeth Bastos. Considerações sobre a produção midiática. In: DUARTE, Elizabeth Bastos (Org.). *Coletânea Linha de Pesquisa Mídias e processos de significação*. São Leopoldo: Unisinos, 2000, p. 23-45.

DUARTE, Elizabeth Bastos. *Fotos&grafias*. São Leopoldo: Unisinos, 2000.

DUARTE, Elizabeth Bastos. Corram, textos, corram. *Fronteiras*, São Leopoldo, v. 10, p. 113-122, 2001.

DUARTE, Elizabeth Bastos. Produção midiática: questões teórico-metodológicas. In: OLIVEIRA, Ana Cláudia Mei Alves de (Org.). *Coletânea GT Produção de sentidos nas mídias*. São Paulo: PUC-SP, 2001. p. 209-222.

DUARTE, Elizabeth Bastos. Reflexiones sobre el texto televisivo. *Signa*, Madri, v. 10, p. 149-162, 2001.

DUARTE, Elizabeth Bastos. Televisão: das lógicas às configurações discursivas. *Significação*, São Paulo, v. 17, p. 77-93, 2002.

DUARTE, Elizabeth Bastos. Televisão: dos meios às linguagens. XXV Congresso Brasileiro de Ciências da Comunicação, 2002, Salvador. *Anais da XXV Intercom*. Salvador: 2002.

DUARTE, Elizabeth Bastos. Em nome do espetáculo. *UNIrevista*, São Leopoldo, v. 69, p. 41, 2003.

DUARTE, Elizabeth Bastos. Reflexão sobre os *reality-shows*. In: FECHINE, Yvana (Org.). *Coletânea Produção de sentido nas mídias*. Recife: UNICAD, 2003. p. 75-81.

DUARTE, Elizabeth Bastos. Televisão: entre gêneros/formatos e produtos. XXVI Congresso Brasileiro de Ciências da Comunicação, 2003, Belo Horizonte. *Anais da XXVI Intercom*. Belo Horizonte: 2003.

DUARTE, Elizabeth Bastos. TV: metalinguagem, autorreferenciação, autopromoção. In: I Congresso Internacional da Associação Brasileira de Estudos Semióticos – Abes, 2003, São Paulo. *Anais do I Congresso da Abes*. São Paulo, 2003.

DUARTE, Elizabeth Bastos. Réflexions à propos des genres et formats télévisuels mondialisés. VIII Congrès de l'Association Internacionale de Sémiotique, 2004, Lyon. *Anais do VIII AIS*. Lyon: 2004.

DUARTE, Elizabeth Bastos. *Televisão: ensaios metodológicos*. Porto Alegre: Sulina, 2004. Col. Estudos sobre o audiovisual.

DUARTE, Elizabeth Bastos. Quando e como a tv fala de si. *E-Compós* (eletrônico), Brasília, v.1, 2004.

DUARTE, Elizabeth Bastos. O tom de uma experiência: os normais. In: FECHINE, Yvana. (Org.). *Cadernos de textos: GT produção de sentidos nas mídias*. Recife: FASA, 2004, p. 38-48.

DUARTE, Elizabeth Bastos. Uma questão de tom: os normais. VII Congreso de la Asociación Latinoamericana de Investigadores de Comunicación – Alaic, 2004, La Plata. *Anais do VII Alaic*. La Plata: 2004.

DUARTE, Elizabeth Bastos. Televisão: diferentes modalidades de embaralhamento de realidades discursivas. In: XXVIII Congresso Brasileiro de Ciências da Comunicação – Intercom, 2005, Rio de Janeiro. *Anais da XXVIII Intercom* (eletrônico). 2005.

DUARTE, Elizabeth Bastos. Televisão: embaralhamento entre reais e realidades discursivas. *Verso & Reverso*, São Leopoldo, v. 19, n. 42, ano XIX, 2005.

DUARTE, Elizabeth Bastos. Televisão: entre os reais e as relações discursivas. Congresso Internacional da ABES, 2005, São Paulo. *Anais do II Congresso da ABES*. São Paulo: 2005.

DUARTE, Elizabeth Bastos. Televisão: sobre o tom do tom. In: NASCIMENTO, Geraldo. (Org.). *Caderno de textos: GT Produção de sentido nas mídias.* Curitiba: UTP, 2005, p. 31-41.

DUARTE, Elizabeth Bastos. Reflexões sobre os gêneros e formatos televisivos. In: DUARTE, Elizabeth Bastos; CASTRO, Maria Lília Dias de. (Orgs.). *Televisão: entre o mercado e academia.* Porto Alegre: Sulina, 2006. Col. Estudos sobre o audiovisual.

DUARTE, Elizabeth Bastos. Reflexões sobre o tom. In: FAUSTO NETO, Antônio (Org.). *Os mundos da mídia: leituras sobre a produção de sentidos midiáticos.* João Pessoa: UFPB, 2006. p. 177-197.

DUARTE, Elizabeth Bastos. Dos telejornais: entre temporalidades e tons. XV Encontro Anual da Associação Nacional dos Programas de Pós-Graduação em Comunicação – Compós, 2006, Bauru. *Anais da XV Compós.* Bauru: 2006.

DUARTE, Elizabeth Bastos. Reconfigurações de um formato: os BBB's. In: DUARTE, Elizabeth Bastos; CASTRO, Maria Lília Dias de. (Orgs.). *Televisão: entre o mercado e a academia.* Porto Alegre: Sulina, 2006. Col. Estudos sobre o audiovisual. p. 269-283.

DUARTE, Elizabeth Bastos. Reflexões sobre o tom. In: FAUSTO NETO, Antônio. (Org.). *Os mundos da mídia: leituras sobre a produção de sentidos midiáticos.* João Pessoa: UFPB, 2006.

DUARTE, Elizabeth Bastos. Televisão em debate: integração entre mercado e academia. *Caderno IHU – Em formação.* São Leopoldo, 2006, p. 66-67.

DUARTE, Elizabeth Bastos; CASTRO, Maria Lília Dias de. (Orgs.). *Televisão: entre o mercado e a academia.* Porto Alegre: Sulina, 2006. Col. Estudos sobre o audiovisual.

DUARTE, Elizabeth Bastos; CASTRO, Maria Lília Dias de. (Orgs.). *Comunicação audiovisual: gêneros e formatos.* Porto Alegre: Sulina, 2007. Col. Estudos sobre o audiovisual.

DUARTE, Elizabeth Bastos. Les versions brésiliennes de Big Brother: stratégies de reconfiguration d'un format. In: CUGIER, Alpholse; LOUQUET, Patrick (Orgs.). *Impureté(s) cinématographique(s).* Paris: L'Hartmattan, 2007. p. 223-240.

DUARTE, Elizabeth Bastos. Programa novo: a gramática televisual levada às últimas consequências. In: DUARTE, Elizabeth Bastos; CAS-

TRO, Maria Lília Dias de. (Orgs.). *Televisão: entre o mercado e a academia II*. Porto Alegre: Sulina, 2007. Col. Estudos sobre o audiovisual.

DUARTE, Elizabeth Bastos; FREITAS, Rose Lumertz de. Telejornais: a ruptura tonal com as expectativas do subgênero. *E-Compós*, Brasília, v. 8, p. 35-46, 2007.

DUARTE, Elizabeth Bastos. Televisão: entre gêneros, formatos e tons. In: XXX Congresso Brasileiro de Ciências da Comunicação – Intercom, 2007, Santos. *Anais da XXX Intercom*. 2007.

DUARTE, Elizabeth Bastos. Telejornais: incidências do tempo sobre o tom. In: DUARTE, Elizabeth Bastos; CASTRO, Maria Lília Dias de (Orgs.). *Comunicação audiovisual: gêneros e formatos*. Porto Alegre: Sulina, 2007. Col. Estudos sobre o audiovisual. p. 35-57.

DUARTE, Elizabeth Bastos. Programa novo: a gramática televisual levada às últimas consequências. In: DUARTE, Elizabeth Bastos; CASTRO, Maria Lília Dias de. (Orgs.). *Televisão: entre o mercado e a academia II*. Porto Alegre: Sulina, 2007. Col. Estudos sobre o audiovisual.

DUARTE, Elizabeth Bastos; CASTRO, Maria Lília Dias de. (Orgs.). *Comunicação audiovisual: gêneros e formatos*. Porto Alegre: Sulina, 2007. Col. Estudos sobre o audiovisual.

DUARTE, Elizabeth Bastos. Na tela do Obitel: mais uma trajetória vai ao ar. I Encontro Nacional Obitel A pesquisa da ficção televisiva no Brasil, 2007, São Paulo. *Anais do I Encontro Obitel*. São Paulo: 2007.

DUARTE, Elizabeth Bastos; CASTRO, Maria Lília Dias de. (Orgs.). *Televisão: entre o mercado e a academia II*. Porto Alegre: Sulina, 2007. Col. Estudos sobre o audiovisual.

DUARTE, Elizabeth Bastos; CASTRO, Maria Lília Dias de. (Orgs.). *Em torno das mídias: práticas e ambiências*. Porto Alegre: Sulina, 2008. Col. Estudos sobre o audiovisual.

DUARTE, Elizabeth Bastos. Ficção televisual: distintas formas de estruturação seriada. In: XXXI Congresso Brasileiro de Ciências da Comunicação, 2008, Natal. *Anais do XXXI Intercom*. Natal: 2008.

DUARTE, Elizabeth Bastos. Televisão: entre gêneros, formatos e tons. In: SAID, Gustavo Said. (Org.). *Comunicação: novo objeto, novas teorias?* Teresina: EDUFPI, 2008, p. 95-112.

DUARTE, Elizabeth Bastos. Programa Por trás da telinha. *Animus*, Santa Maria, v. 13, p. 143-157, 2008.

DUARTE, Elizabeth Bastos. Sitcoms: novas tendências. *Animus*, Santa Maria, v. 13, p. 27-42, 2008.

DUARTE, Elizabeth Bastos; CURVELLO, Vanessa. Telejornais: quem dá o tom. *E-Compós*, Brasília, v. 11, p. 20-34, 2008.

DUARTE, Elizabeth Bastos. Televisão: a recorrência a um mundo paralelo. In: DUARTE, Elizabeth Bastos; CASTRO, Maria Lília Dias de. (Orgs.). *Em torno das mídias: práticas e ambiências.* Porto Alegre: Sulina, 2008. Col. Estudos sobre o audiovisual. p. 179-190.

DUARTE, Elizabeth Bastos. Fantasias: uma comédia de situação. In: DUARTE, Elizabeth Bastos; CASTRO, Maria Lília Dias de. (Orgs.). *Núcleo de Especiais RBS TV: ficção e documentário regional.* Porto Alegre: Sulina, 2009. Col. Estudos sobre o audiovisual. p. 133-146.

DUARTE, Elizabeth Bastos. Maysa: dos limites entre o real e a ficção. *Em Questão*, Porto Alegre, v. 15, p. 81-89, 2009.

DUARTE, Elizabeth Bastos; CASTRO, Maria Lília Dias de. (Orgs.). *Núcleo de Especiais RBS TV: ficção e documentário regional.* Porto Alegre: Sulina, 2009. Col. Estudos sobre o audiovisual.

DUARTE, Elizabeth Bastos; CASTRO, Maria Lília Dias de. Produção ficcional da RBS TV. In: DUARTE, Elizabeth Bastos; CASTRO, Maria Lília Dias de (Orgs.). *Núcleo de Especiais RBS TV: ficção e documentário regional.* Porto Alegre: Sulina, 2009. Col. Estudos sobre o audiovisual. p. 113-132.

DUARTE, Elizabeth Bastos; CASTRO, Maria Lília Dias de. O contexto televisual no Rio Grande do Sul: a produção da RBS TV. In: LOPES, Maria Immacolata Vassalo de (Org.). *Ficção televisiva no Brasil: temas e perspectivas – Obitel Brasil.* São Paulo: Globo Universidade, 2009. p. 253-311.

DUARTE, Elizabeth Bastos; RECTOR, Mônica (Orgs.). Sitcoms: entre o lúdico e o sério. *DeSignis*, Barcelona, v. 14, 2009.

DUARTE, Elizabeth Bastos. Que mal há em fantasiar? Só não te metas em enrascadas. In: XXXII Congresso Brasileiro de Ciências da Comunicação, 2009, Curitiba. *Anais do XXXII Intercom.* Curitiba: Intercom, 2009.

DUARTE, Elizabeth Bastos. Televisão como espaço material de convergência. In: XXXIII Congresso Brasileiro de Ciências da Comunicação – Intercom, 2010, Caxias do Sul. *Anais do XXXIII Intercom* (eletrônico). Caxias do Sul, 2010.

DUARTE, Elizabeth Bastos. Televisão: desafios teórico-metodológicos. In: BRAGA, José Luiz; LOPES, Maria Immacolata Vassalo de; MARTINO, Luiz Claudio. (Orgs.). *Pesquisa empírica em comunicação* (Livro Compós 2010). São Paulo: Paulus, 2010, p. 227-248.

DUARTE, Elizabeth Bastos; CASTRO, Maria Lília Dias de. (Orgs.). *Convergências midiáticas: produção ficcional – RBS TV*. Porto Alegre: Sulina, 2010. Col. Estudos sobre o audiovisual.

DUARTE, Elizabeth Bastos. Online: a televisão como espaço material de convergência. In: DUARTE, Elizabeth Bastos; CASTRO, Maria Lília Dias de. (Orgs.). *Convergências midiáticas: produção ficcional – RBS TV*. Porto Alegre: Sulina, 2010. Col. Estudos sobre o audiovisual.

DUARTE, Elizabeth Bastos. *Televisão como espaço material de convergência*. In: XXXIII Congresso Brasileiro de Ciências da Comunicação – Intercom, 2010, Caxias do Sul. *Anais do XXXIII Intercom* (eletrônico). Caxias do Sul: 2010.

DUARTE, Elizabeth Bastos; CASTRO, Maria Lília Dias de. Sobre a convergência midiática. In: DUARTE, Elizabeth Bastos; CASTRO, Maria Lília Dias de. (Orgs.). *Convergências midiáticas: produção ficcional – RBS TV*. Porto Alegre: Sulina, 2010. Col. Estudos sobre o audiovisual.

DUARTE, Elizabeth Bastos; CASTRO, Maria Lília Dias de. *Sur la convergence médiatique.* trad. François Jost. Télévision, Paris, CNRS, v.2, p. 10-21, 2010.

DUARTE, Elizabeth Bastos; CURVELLO, Vanessa. Telejornais: quem dá o tom. In : GOMES, Itânia Maria Mota (Org.). *Televisão e realidade*. Salvador : UFBA, 2010. p. 61-74.

DUARTE, Elizabeth Bastos. Transposições: da tira ao produto televisual. In: DUARTE, Elizabeth Bastos; CASTRO, Maria Lília Dias de. (Orgs.). *Convergências midiáticas: produção ficcional – RBS TV*. Porto Alegre: Sulina, 2010. Col. Estudos sobre o audiovisual.

DUARTE, Elizabeth Bastos. Telejornais: dos tons referentes ao subgênero e formato àquele próprio da produção local. In: Seminário Internacional de Pesquisa em Comunicação, 2011, Santa Maria. *Anais do IV Sipecom*. Santa Maria: UFSM, 2011.

DUARTE, Elizabeth Bastos. Eu sou do Sul: é só olhar pra ver... In: XX Encontro Anual da Associação Nacional dos Programas de Pós-Graduação em Comunicação – Compós, 2011, Porto Alegre. *Anais da XX Compós* (eletrônico). Porto Alegre, 2011.

DUARTE, Elizabeth Bastos; CASTRO, Maria Lília Dias de. Ficção seriada gaúcha: sobre os movimentos de convergência. In: LOPES, Maria Immacolata Vassalo de (Org.). *Ficção televisiva transmidiática no Brasil: plataformas, convergência, comunidades virtuais*. Porto Alegre: Sulina, 2011. p. 121-148.

DUARTE, Elizabeth Bastos. Telejornais: dos tons referentes ao subgênero e formato àquele próprio da produção local. In: Seminário Internacional de Pesquisa em Comunicação, 2011, Santa Maria. *Anais do IV Sipecom*. Santa Maria: UFSM, 2011.

DUARTE, Elizabeth Bastos. Comment caracteriser la qualité de la programmation de la Rede Globo de Televisão? In: Colloque Internacional Qualité en Télévision, 2012, Paris. *Anais do Colloque Internacional Qualité en Télévision*. Paris: CEISME, 2012.

DUARTE, Elizabeth Bastos. Sitcoms: das relações com o tom. In: SANTOS, Roberto Elísio dos; ROSSETTI, Regina (Orgs.). *Humor e riso na cultura midiática*. São Paulo: Paulinas, 2012, p. 147-171.

DUARTE, Elizabeth Bastos. Preâmbulo: algumas considerações sobre a ficção televisual. In: JOST, François. *Do que as séries americanas são o sintoma?* trad. Elizabeth Bastos Duarte, Vanessa Curvello. Porto Alegre: Sulina, 2012. Col. Estudos sobre o audiovisual. p. 11-22.

DUARTE, Elizabeth Bastos. Telejornais: dos tons referentes ao subgênero e formato àquele próprio da produção local. In: SILVEIRA, Ada Cristina Machado da; BARICHELLO, Eugênia Mariano da Rocha; FOSSA, Maria Ivete Trevisan; LISBOA FILHO, Flavi. (Orgs.). *Identidades midiáticas* (Livro do IV Sipecom). Santa Maria: UFSM, 2012, p. 57-81.

DUARTE, Elizabeth Bastos. *Televisão: novas modalidades de contar as narrativas*. Contemporânea, Salvador, v. 10, p. 324-339, 2012.

DUARTE, Elizabeth Bastos. Telejornais: dos tons referentes ao subgênero e formato àquele próprio da produção local. In: SILVEIRA, Ada

Cristina Machado da; BARICHELLO, Eugênia Mariano da Rocha; FOSSA, Maria Ivete Trevisan; LISBOA FILHO, Flavi. (Orgs.). *Identidades midiáticas* (Livro do IV Sipecom). Santa Maria: UFSM, 2012, p. 57-81.

DUARTE, Elizabeth Bastos. A grande família: o tom como marca de identidade de um produto televisual. In: NAKAGAWA, Regiane M. de Oliveira; SILVA, Alexandre Rocha da. (Orgs.). *Semiótica da comunicação* (Livro Intercom 2012). São Paulo: Intercom, 2013, p. 177-197.

DUARTE, Elizabeth Bastos. A televisão se dá ao tom. In: CORTINA, Arnaldo; SILVA, Fernando Moreno. (Orgs.) *Semiótica e comunicação: estudos sobre textos sincréticos*. São Paulo: Cultura Acadêmica, 2013, p. 51-92.

DUARTE, Elizabeth Bastos. Como caracterizar qualidade em relação à produção da Rede Globo de Televisão? *Estudos de Jornalismo e Mídia*, Florianópolis, v. 10, p. 326-339, 2013.

DUARTE, Elizabeth Bastos. Convergência midiática: a incidência sobre os produtos televisuais. In: KIELING, Alexandre. (Org.). *Conteúdos digitais para televisão e dispositivos móveis: apontamentos de horizonte, configurações e movimentos na ambiência midiática*. Brasília: Casa das Musas, 2013. p. 41-60.

DUARTE, Elizabeth Bastos. RBS TV: o tom como identidade. In: OLIVEIRA, Ana Cláudia Mei Alves de. (Org.). *As interações sensíveis: ensaios de sociossemiótica a partir da obra de Eric Landowski*. São Paulo: PUC-SP, 2013. p. 569-588.

DUARTE, Elizabeth Bastos. Ficção televisual: a produção 2012 da Rede Globo de Televisão. *Interin*, v. 17, p. 67-80, 2014.

DUARTE, Elizabeth Bastos. Reflexões: os sentidos sociais da programação. In: XXIII Encontro Anual da Compós, 2014, Belém do Pará. *Anais do XXIII Compós*. Belém do Pará, 2014.

DUARTE, Elizabeth Bastos; CASTRO, Maria Lília Dias de. Produção midiática: o ir e vir entre teoria, metodologia e análise. In: BARICHELLO, E. M. da R.; RUBLESCKI, A. (Orgs.). *Pesquisa em comunicação: olhares e abordagens*. Santa Maria: UFSM, 2014, p. 67-87.

DUARTE, Elizabeth Bastos; CASTRO, Maria Lília Dias de. La qualité télévisuelle selon Globo. *Télévision*, Paris, v. 5, p. 133-143, 2014.

DUARTE, Elizabeth Bastos. Dificuldades/desafios enfrentados na análise do televisual. In: CHAMBÂT-HOUILLLON, Marie-France; COHEN, Evelyn; GOMES, Itânia Maria Mota. (Orgs.). *Estudos de Televisão Brasil França*. Salvador: Edufba, 2015, p. 52-65.

DUARTE, Elizabeth Bastos. Ficção televisual: entre séries e seriados. In: XXXVIII Congresso Brasileiro de Ciências da Comunicação – Intercom. 2015. Rio de Janeiro. *Anais do XXXVIII Intercom*. Rio de Janeiro: Intercom, 2005.

DUARTE, Elizabeth Bastos. Doce de série: as aventuras de dona Picucha. *Significação – Revista de Cultura Audiovisual*, v. 41, p. 87-103, 2015.

DUARTE, Elizabeth Bastos. Entre a comemoração e a autopromoção: os testemunhos do fazer televisual. In: II Estudos de Televisão Brasil França – Testemunhas, media, identidades, 2015, Salvador. *Anais do II Estudos de Televisão Brasil França*. Salvador: 2015.

DUARTE, Elizabeth Bastos. Reflexões: os sentidos sociais da programação. *In Texto*, Porto Alegre, v. 33, p. 28-45, 2015.

DUARTE, Elizabeth Bastos. No total, menos!. *InTexto*, Porto Alegre, UFRGS, n. 37, p. 313-328, 2016.

DUARTE, Elizabeth Bastos; CASTRO, Maria Lília Dias de; STURMER, Adriana. Textos televisuais: impasses e articulações teóricas, proposições metodológicas. In: MACHADO, Irene; FERREIRA, Giovandro Marcus; SILVA, Alexandre Rocha da; NAKAGAWA, Regiane M. de Oliveira. (Orgs.). *Problema semiótico em pesquisas de comunicação e cultura*. Salvador: EDUFBA, 2016, p. 157-177.

DUARTE, Elizabeth Bastos; FONSECA, Elisa Vieira. A configuração da memória brasileira na ficção televisual contemporânea. In: V Congresso Internacional da Associação Brasileira de Semiótica – Travessias, 2017. Niterói. *Anais do V Congresso Internacional da Associação Brasileira de Semiótica – Travessias*. Niterói: ABES, 2017.

DUARTE, Elizabeth Bastos. Producción televisiva: formulaciones teórico-metodológicas. In: VIII Congreso Latinoamericano de Semiótica, 2017. Bogotá. *Anais do VIII Congreso Latinoamericano de Semiótica*. Bogotá: FELS, 2017.

DUARTE, Elizabeth Bastos; BACKES, Vanessa Cristina. Telejornais: estrutura e temporalidades. In: V Congresso Internacional da Associação Brasileira de Semiótica – Travessias, 2017, Niterói. *Anais do V Congresso Internacional da Associação Brasileira de Semiótica – Travessias.* Niterói: ABES, 2017.

DUARTE, Elizabeth Bastos. Les journaux télévisés: entre la pluralité temporelle et la superposition des écrans. In: 5ème Rencontre France/Brésil du programme PIMI Patrimoines, Images, Médias et Identités – Temps et temporalités des médias, 2017, Paris. *Anais do 5ème Rencontre France/Brésil du programme PIMI.* Paris: CEISME, 2017.

DUARTE, Elizabeth Bastos. Entre subgêneros e formatos: o tom como traço distintivo. In: Encontro do Grupo de Pesquisa Patrimoines, Images, Médias, Identités (PIMI) – Transformações dos gêneros audiovisuais, 2017, Belo Horizonte. *Anais do Encontro do Grupo de Pesquisa Patrimoines, Images, Médias, Identités (PIMI) – Transformações dos gêneros audiovisuais.* Belo Horizonte: PIMI, 2017.

DUARTE, Elizabeth Bastos. Entre subgêneros e formatos: a função distintiva do tom. In: V Congresso Internacional da Associação Brasileira de Semiótica – Travessias, 2017, Niterói. *Anais do V Congresso Internacional da Associação Brasileira de Semiótica – Travessias* (eletrônico). Niterói: ABES, 2017.

DUARTE, Elizabeth Bastos. Produção televisual: entre subgêneros, formatos e tons. In: FRANÇA, Vera Veiga; COHEN, Evelyne; GOMES, Itania Maria Mota. (Orgs.). *Gêneros midiáticos e identidades.* Belo Horizonte: PPGCOM UFMG, 2017, p. 17-30.

DUARTE, Elizabeth Bastos. *Tonalização: um dispositivo discursivo com dupla função.* Colóquio Internacional Greimas: desenvolvimentos, apropriações e desdobramentos para uma semiótica das práticas. São Paulo: 2017.

DUARTE, Elizabeth Bastos; BACKES, Vanessa Cristina. Telejornais: entre a pluralidade temporal e a superposição de telas. In: VI Encontro do PIMI (Patrimônio-Imagem-Mídia-Identidade) – Tempos e temporalidades das mídias, 2017, Rio de Janeiro. *Anais do VI Encontro do PIMI (Patrimônio-Imagem-Mídia-Identidade) – Tempos e temporalidades das mídias* (eletrônico). Rio de Janeiro: 2017.

DUARTE, Elizabeth Bastos; BACKES, Vanessa Cristina. Telejornais: estrutura e temporalidades. In: V Congresso Internacional da Associação Brasileira de Semiótica – Travessias, 2017, Niterói. *Anais do V Congresso Internacional da Associação Brasileira de Semiótica – Travessias.* Niterói: ABES, 2017.

DUARTE, Elizabeth Bastos. Les journaux télévisés: entre la pluralité temporelle et la superposition des écrans. In: 5ème Rencontre France/Brésil du programme PIMI Patrimoines, Images, Médias et Identités – Temps et temporalités des médias, 2017, Paris. *Anais do 5ème Rencontre France/Brésil du programme PIMI.* Paris: CEISME, 2017.

DUARTE, Elizabeth Bastos; CASTRO, Maria Lília Dias de. Preâmbulo – Boate Kiss: uma nova versão de uma antiga tragédia. In: SILVEIRA, Ada Cristina Machado da (Org.). *Midiatização da tragédia de Santa Maria: a catástrofe biopolítica – volume 1.* Santa Maria: FACOS-UFSM, 2018. p. 09-14.

DUARTE, Elizabeth Bastos. Telejornais: entre histórias, tempos e telas. *Memorare*, Tubarão, v. 5, p. 274-291, 2018.

DUARTE, Elizabeth Bastos. Televisão: as narrativas como mercadoria. Conferência de Abertura do GP Semiótica da Comunicação. *41 Congresso Brasileiro de Ciências da Comunicação – Intercom.* Joinville: 2018.

DUARTE, Elizabeth Bastos. Multitelando: entre diferentes suportes e telas. In: II Congresso TeleVisões, 2019, Niterói. *Anais do II Congresso TeleVisões* (eletrônico). Niterói: 2019.

DUARTE, Elizabeth Bastos; SOUZA, Gabriel. O texto televisual de caráter promocional. In: IV Jornada dos Grupos de Pesquisa de Semiótica, 2019, Porto Alegre. *Anais da IV Jornada dos Grupos de Pesquisa em Semiótica.* Porto Alegre: 2019.

DUARTE, Elizabeth Bastos; SOUZA, Gabriel. O texto televisual de caráter promocional. In: IV Jornada dos Grupos de Pesquisa de Semiótica, 2019, Porto Alegre. *Anais da IV Jornada dos Grupos de Pesquisa em Semiótica.* Porto Alegre: 2019.

DUARTE, Elizabeth Bastos. Telejornais: balanço de suas perspectivas atuais. In: XXIX Encontro Anual da Compós, 2020, Campo Grande. *Anais do XXIX Compós.* Campo Grande, 2020.

DUARTE, Elizabeth Bastos. Telejornais: novas tendências estruturais. In: EMERIM, Cárlida; PEREIRA, Ariane; COUTINHO, Iluska. (Orgs.). *Telejornalismo 70 anos: o sentido das e nas telas.* Florianópolis: Insular, 2020. p. 119-140.

DUARTE, Elizabeth Bastos. Telejornais: balanço de suas perspectivas atuais. *Anais do XXIX Compós.* Campo Grande: 2020.

DUARTE, Elizabeth Bastos. Telejornais: novas tendências estruturais. In: EMERIM, Cárlida; PEREIRA, Ariane; COUTINHO, Iluska. (Orgs.). *Telejornalismo 70 anos: o sentido das e nas telas.* Florianópolis: Insular, 2020. p. 119-140.

DUARTE, Elizabeth Bastos. Telejornais: balanço de suas perspectivas atuais. *Anais do XXIX Compós.* Campo Grande: 2020.

DUARTE, Elizabeth Bastos; BACKES, Vanessa Cristina. Telejornalismo: estratégias de reconfiguração de uma mesma notícia. *InTexto*, Porto Alegre, UFRGS, n. 49, p. 196-213, 2020.

DUARTE, Elizabeth Bastos. Telejornais: novas tendências estruturais. In: EMERIM, Cárlida; PEREIRA, Ariane; COUTINHO, Iluska. (Orgs.). *Telejornalismo 70 anos: o sentido das e nas telas.* Florianópolis: Insular, 2020. p. 119-140.

DUARTE, Elizabeth Bastos. Telejornais: balanço de suas perspectivas atuais. *Anais do XXIX Compós.* Campo Grande: 2020.

DUARTE, Elizabeth Bastos. Prefácio. In: EMERIM, Cárlida; PEREIRA, Ariane; COUTINHO, Iluska. (Orgs.). *Estudos contemporâneos em telejornalismo: narrativas de jornalismo para telas.* Florianópolis: Insular, 2022.

DUMÉZIL, Georges. *Do mito ao romance.* São Paulo: Martins Fontes, 1992.

ECO, Umberto. *La guerre du faux.* Paris: Grasset, 1985.

FLOCH, Jean Marie. *Alguns conceitos fundamentais em semiótica geral.* São Paulo: 2001.

FLOCH, Jean Marie. *Semiótica, marketing y comunicación: bajo los signos, las estrategias.* Barcelona: Paidós, 1993.

FLORIANO, Miguel-Ángel Huerta. *A dos metros bajo tierra: una serie de qualidad.* Salamanca: Universidad de Salamanca, 2006.

FONTANILLE, J. *Sémiotique du visible: des mondes de lumière.* Paris: Presses Universitaires de France, 1995.

FONTANILLE, Jaques. *Significação e visualidade: exercícios práticos.* trad. Elizabeth Bastos Duarte, Maria Lília Dias de Castro. Porto Alegre: Sulina, 2005. Col. Estudos sobre o audiovisual.

FONTANILLE, Jaques. *Semiótica do discurso.* São Paulo: Contexto, 2007.

FOUCAULT, Michel. *A ordem do discurso*. São Paulo: Loyola, 1996.

FOUCAULT, Michel. *L'ordre du discours*. Paris: Gallimard, 1976.

GOMES, Itania Maria Mota. Das utilidades do conceito de modo de endereçamento para análise do telejornalismo. In: DUARTE, E. B.; CASTRO, M. L. D. de. (Orgs.). *Televisão: entre o mercado e a academia*. Porto Alegre: Sulina, 2006. Col. Estudos sobre o audiovisual.

GREIMAS, Algirdas Julien. *Semântica estrutural*. São Paulo: Cultrix, 1973.

GREIMAS, Algirdas Julien. L'énonciation (une posture épistémologique). *Significação*. Ribeirão Preto, n. 1, p. 09-25, 1974.

GREIMAS, Algirdas Julien. *Sobre o sentido: ensaios semióticos*. Petrópolis: Vozes, 1975.

GREIMAS, Algirdas Julien. *Du sens II: essais sémiotiques*. Paris: Seuil, 1976.

GREIMAS, Algirdas Julien. *Semiótica e Ciências Sociais*. São Paulo: Cultrix, 1981.

GREIMAS, Algirdas Julien; FONTANILLE, Jacques. *Semiótica das paixões*. São Paulo: Ática, 1993.

GREIMAS, Algirdas Julien. *La semiótica del texto: ejercicios prácticos*. Buenos Aires: Paidós, 1993.

GREIMAS, Algirdas Julien. A propósito do jogo. *Verso e Reverso*, São Leopoldo: Unisinos, 1999.

GREIMAS, Algirdas Julien. *Da imperfeição*. São Paulo: Hacker, 2002.

GREIMAS, Algirdas Julien; COURTÈS, Joseph. *Dicionário de semiótica*. São Paulo: Contexto, 2013.

GREIMAS, Algirdas Julien. *Sobre o sentido II: ensaios semióticos*. São Paulo: Edusp, 2014.

HAMBURGER, Esther. Tom discreto faz Big Brother persistir. *Folha Ilustrada – arquivo*. 2004. Disponível em: https://www1.folha.uol.com.br/fsp/ilustrad/fq0804200418.htm. Acesso em: 21.07.21.

HJELMSLEV, Louis. *Ensayos lingüísticos*. Madrid: Gredos, 1972.

HJELMSLEV, Louis. *Prolegômenos a uma teoria da linguagem*. São Paulo: Perspectiva, 1975.

HJELMSLEV, Louis. *El lenguaje*. Madrid: Gredos, 1976.

HJELMSLEV, Louis. *Prolegômenos a uma teoria da linguagem*. São Paulo: Perspectiva, 2013.

JAKOBSON, Roman. *Linguística e comunicação*. São Paulo: Cultrix, 1974.

JOST, François. *Introduction à l'analyse de la télévision*. Paris: Ellipses, 1999.

JOST, François. *La télévision du quotidien: entre réalité et fiction*. Bruxelles: De Boeck, 2001.

JOST, François. *L'Empire du lof*. Paris: La Dispute/Snédit, 2002.

JOST, François. *Realtà/Finzione: l'impero del falso*. Milão: Il Castoro, 2003.

JOST, François. *Le culte du banal: de Duchamp à la télé-réalité*. Paris: CNRS, 2007.

JOST, François. *Compreender a televisão*. trad. Elizabeth Bastos Duarte e Vanessa Curvello. Porto Alegre: Sulina, 2010. Col. Estudos sobre o audiovisual.

JOST, François. *Do que as séries americanas são o sintoma?* trad. Elizabeth Bastos Duarte, Vanessa Curvello. Porto Alegre: Sulina, 2012. Col. Estudos sobre o audiovisual.

LACALLE, Charo. As novas narrativas de ficção televisiva e a internet. *Matrizes*, São Paulo, ano 3, n. 2, jan./jul. 2010, p. 79-102.

LÉVI-STRAUSS, Claude. *As estruturas elementares do parentesco*. Petrópolis: Vozes, 1982.

LÉVI-STRAUSS, Claude. *A via das máscaras*. Lisboa: Presença, 1981.

LÉVI-STRAUSS, Claude. *O pensamento selvagem*. Campinas: Papirus, 1989.

MACHADO, Irene. *Texto & gênero: fronteiras*. 2013. Disponível em: https://www.ufjf.br/facom/files/2013/03/R8-Irene-Machado-HP.pdf. Acesso em: 21.07.21.

MARTÍN-BARBERO, Jesús. *Dos meios às mediações: comunicação, cultura e hegemonia*. Rio de Janeiro, UFRJ, 1997.

MARTÍN-BARBERO, Jesús. *Dos meios às mediações: comunicação, cultura e hegemonia*. Rio de Janeiro: UFRJ, 2001.

MARTINET. Accents et tons. In: _____ *La linguistique synchronique.* Paris: 1965.

PARRET, Herman. *Enunciação e pragmática.* Campinas: Unicamp, 1988.

PROPP, Vladimir. *Comicidade e riso.* São Paulo: Ática, 1992.

PROPP, Vladimir. *Las transformaciones del cuento maravilloso.* Buenos Aires: Rodolfo Afonso, 1972.

PROPP, Vladimir. *Morfologia do conto maravilhoso.* Rio de Janeiro: Forense, 2006.

RAMONET, Ignacio. *La tyrannie de la communication.* Paris: Gallimard, 2002.

RICOEUR, Paul. *Ideologia e utopia.* Lisboa: Edições 70, 1991.

RICOEUR, Paul. *O conflito das interpretações: ensaios de hermenêutica.* Rio de Janeiro: Imago, 1978.

RICOEUR, Paul. *O discurso da acção.* Lisboa: Edições 70, 1999.

RICOEUR, Paul. La grammaire narrative de Greimas. *Documents de Recherche*, Paris, n. 15, 1980.

RICOEUR, Paul. *La semantique de l'action.* Paris: Centre National de la Recherche Scientifique, 1977.

SARLO, Beatriz. *Cenas da vida pós-moderna: intelectuais, arte e vídeo-cultura na Argentina.* Rio de Janeiro: UFRJ, 1997.

SAUSSURE, Ferdinand de. *Curso de Linguística Geral.* São Paulo: Cultrix, 1916.

SOUZA, Gabriel. *A reiteração do mito da qualidade: ações (auto)promocionais empreendidas por um conglomerado de mídia.* 2020. Tese (Doutorado em Comunicação) – Programa de Pós-Graduação em Comunicação, Universidade Federal de Santa Maria, Santa Maria, 2020.

14.2 Referenciação televisual:

- **Telejornalísticos**

Jornal Nacional. Rede Globo de Televisão. 1969.
Jornal Hoje. Rede Globo de Televisão. 1971.
Fantástico. Rede Globo de Televisão. 1973.
Globo repórter. Rede Globo de Televisão. 1973.
Globo rural. Rede Globo de Televisão. 1980.
Bom dia Brasil. Rede Globo de Televisão. 1983.
Videoshow. Rede Globo de Televisão. 1983.
Domingão do Faustão. Rede Globo de Televisão. 1989.
Almanaque. Globo News. 1996.
Conta corrente. Globo News. 1996.
Espaço aberto. Globo News. 1996.
Globo News painel. Globo News. 1996.
Jornal da Globo News. Globo News. 1996.
Jornal das dez. Globo News. 1996.
Via Brasil. Globo News. 1996.
Jornal da Globo. Rede Globo de Televisão. 1997.
Sem fronteiras. Globo News. 1998.
Jornal SBT Manhã. Sistema Brasileiro de Televisão. 2004.
Entre aspas. Globo News. 2006.
Estúdio i. Globo News. 2008.
Profissão repórter. Rede Globo de Televisão. 2008.
Globo News em pauta. Globo News. 2010.
Globo News literatura. Globo News. 2012.
Starte. Globo News. 2012.
Hora um. Rede Globo de Televisão. 2014.
Pelo mundo. Globo News.

- **Ficção**

Vale a pena ver de novo. Rede Globo de Televisão. 1980.
A grande família. Rede Globo de Televisão. 2001.
Carga pesada. Rede Globo de Televisão. 2003.
Celebridade. Rede Globo de Televisão. 2003.
Senhora do destino. Rede Globo de Televisão. 2004.

- **Auditório**

Com a mão na massa. Sistema Brasileiro de Televisão.
Calouros em desfile. Rádio Tupi. 1953.
O céu é o limite. TV Tupi. 1955.
O mundo é das mulheres. TV Paulista. 1955.
Programa de gala. TV Rio. 1957.
Hebe comanda o espetáculo. TV Continental. 1960.
Maiôs à beira-mar. TV Paulista. 1963.
Programa Sílvio Santos. Sistema Brasileiro de Televisão. 1963.
Discoteca do Chacrinha. Rede Globo de Televisão. 1968.
Hora do Chacrinha. Rede Globo de Televisão. 1968.
Buzina do Chacrinha. Rede Globo de Televisão. 1970.
8 ou 800. Rede Globo de Televisão. 1976.
Programa do Jô. Rede Globo de Televisão. 2000.
Caldeirão do Huck. Rede Globo de Televisão. 2000.
Estrelas. Rede Globo de Televisão. 2006.
Domingão com Huck. Rede Globo de Televisão. 2021.

- **Humorísticos**

Casseta & Planeta! Rede Globo de Televisão. 1992.
Zorra total. Rede Globo de Televisão. 1999.
Pânico na TV. RedeTV. 2003.

- **Especiais**

Especial de Natal Roberto Carlos. Rede Globo de Televisão. 1974.
Cena aberta. Rede Globo de Televisão. 2003.

- **Simulacionais/*Reality-shows***

Mais você. Rede Globo de Televisão. 1999.
Casa dos artistas. Sistema Brasileiro de Televisão. 2001.
Acorrentados. Rede Globo de Televisão. 2002.
Amor a bordo. Rede Globo de Televisão. 2002.
Fama. Rede Globo de Televisão. 2002.
Big brother Brasil. Rede Globo de Televisão. 2002.
The voice Brasil. Rede Globo de Televisão. 2012.
Mestre do sabor. Rede Globo de Televisão. 2019.

Credenciamento da autora:

Formação da autora:
- Mestrado em Letras pela Universidade Federal do Rio Grande do Sul (UFRGS), sob orientação de Celso Pedro Luft (1982);
- Doutorado em Linguística e Semiótica pela Universidade de São Paulo (USP), sob orientação de Cidmar Teodoro Pais (1989);
- Doutorado-sanduíche em Semiótica na École des Hautes Études en Sciences Sociales, sob orientação de Algirdas Julien Greimas (1985-1986);
- Pós-doutorado em Televisão pela Université de Paris III – Sorbonne Nouvelle, sob orientação de François Jost (2003);
- Pós-doutorado em Audiovisual pelo Centre de Hautes Études en Sciences Sociales, sob orientação de Jacques Fontanille (2003).

Participação em Pesquisa:
- Pesquisadora com bolsa de produtividade 1C pelo Conselho Nacional de Desenvolvimento Científico e Tecnológico – CNPq, desde 1995, havendo desenvolvido as seguintes pesquisas:
- Transposição de sentido: as diferentes relações entre a palavra e a imagem (1995-1998).
- Transposições de sentido – Fase 2: apropriação intersemi-

ótica e intermidiática de mecanismos expressivos (1999-2001);
- Ensaios metodológicos: a análise do texto televisivo (2001-2003);
- Televisão: diferentes percursos discursivos de operação sobre o real (2004-2007);
- Subgêneros televisuais: entre formatos e tons (2007-2010);
- Gauchidade como tom e identidade: a produção da RBS TV (2010-2013);
- Narrativas televisuais: as transformações em curso (2014-2018);
- Telejornais: entre diferentes espaços, atores, tempos e suas formas de expressão (2018-2022);
- Coordenadora de Grupos de Pesquisa registrados no Diretório dos Grupos de Pesquisa do CNPq:
- Processos de Significação Televisual (GPTV) – Unisinos (2004-2005);
- Processos de Significação Televisual (GPTV) – Unisinos (2006-2007);
- Comunicação Televisual (ComTV) – UFSM, juntamente com Maria Lília Dias de Castro (2014-atual);
- Coordenadora, juntamente com François Jost, do Acordo Capes-Cofecub n. 494/05 Comunicação visual: gêneros e formatos (2005-2006);
- Participante do Projeto de Cooperação Mútua Patrimoines-Images-Médias-Identités (PIMI) (desde 2015);
- Coordenadora da Coleção Estudos sobre o audiovisual – Editora Sulina, desde 2004.

Fone: 51 99859.6690

Este livro foi confeccionado especialmente para a
Editora Meridional Ltda.,
em Adobe Garamond Pro, 11/15 e
impresso na Gráfica Odisséia.